U0898565

- 华为，共建更美好的全联接新世界
- 华为，传承和发扬“质量文化”和“工匠精神”
- 华为，业务遍及全球170多个国家和地区的全球化公司
- 华为，坚持“以客户为中心，以奋斗者为本”的企业文化
- 华为，世界500强企业中唯一一家非上市公司

华为，让世界“恐慌”

揭开华为神秘的面纱

董超 编著

SPM
南方出版传媒
广东经济出版社
·广州·

图书在版编目（CIP）数据

华为，让世界“恐慌”揭开华为神秘的面纱/ 董超编著．—广州：广东经济出版社，2017.1
ISBN 978-7-5454-4980-8

Ⅰ．①华… Ⅱ．①董… Ⅲ．①通信-邮电企业-企业管理-研究-深圳 Ⅳ．①F632.765.3

中国版本图书馆 CIP 数据核字（2016）第 275587 号

出 版 人：姚丹林
责任编辑：李惠玉
责任技编：谢 莹
装帧设计：李康道

出版发行	广东经济出版社（广州市环市东路水荫路 11 号 11～12 楼）
经销	全国新华书店
印刷	佛山市浩文彩色印刷有限公司 （南海狮山科技工业园 A 区兴旺路）
开本	730 毫米×1020 毫米 1/16
印张	13.5
字数	216 000 字
版次	2017 年 1 月第 1 版
印次	2017 年 1 月第 1 次
印数	1～5 000
书号	ISBN 978-7-5454-4980-8
定价	36.00 元

如发现印装质量问题，影响阅读，请与承印厂联系调换。
发行部地址：广州市环市东路水荫路 11 号 11 楼
电话：（020）38306055 37601950 邮政编码：510075
邮购地址：广州市环市东路水荫路 11 号 11 楼
电话：（020）37601980 营销网址：http://www.gebook.com
广东经济出版社新浪官方微博：http://e.weibo.com/gebook
广东经济出版社常年法律顾问：何剑桥律师

PREFACE 前言

华为是谁？华为的官网是这样介绍的。

华为是全球领先的信息与通信技术（ICT）解决方案供应商，专注于ICT领域，坚持稳健经营、持续创新、开放合作，在电信运营商、企业、终端和云计算等领域构筑了端到端的解决方案优势，为运营商客户、企业客户和消费者提供有竞争力的ICT解决方案、产品和服务，并致力于能使未来信息社会构建更美好的全联接世界。目前，华为有17多万名员工，业务遍及全球170多个国家和地区，服务全世界1/3以上的人口。

28年来，华为抓住中国改革开放和ICT行业高速发展带来的历史机遇，坚持以客户为中心，以奋斗者为本，基于客户需求持续创新，赢得了客户的尊重和信赖，从一家立足于中国深圳特区，初始资本只有21000元人民币的民营企业，稳健成长为年销售规模超过3950亿元人民币的世界500强公司。华为每年将销售收入的10%以上投入研发，超过45%的员工从事创新、研究与开发工作。

华为人深信：未来将是一个全联接的世界。华为与合作伙伴一起，开放合作，努力构建一个更加高效整合的数字物流系统，促进人与人、人与物、物与物的全面互联和交融，激发每个人在任何时间、任何地点的无限机遇与潜能，推动世界进步。

放眼世界500强企业，九成的中国企业是靠原物料、中国内需市场等优势挤入排行榜的，但华为，却是靠技术创新能力，以及海外市场经营绩效获得今天的地位。当过去的通信产业巨擘摩托罗拉、阿尔卡特—朗讯、诺基亚、西门子等都面临衰退危机时，它却在过去10多年间年年成长。

华为的崛起、华为的稳健发展、华为的海外拓展、华为的居安思危、华为的创新与专利……这一切都让世界感到了“恐慌”。华为的领头人任正非在短短28个年头里，创造了全球企业都未曾有过的历史。基于此，我们编写了《华为，让世界“恐慌”——揭开华为神秘的面纱》一书，帮读者从以下11个部分揭开了华为神秘的面纱。

★华为，不仅仅是世界500强

★华为，行业的领先者

★华为，深圳走出的企业

★华为，始于任正非

★华为，为什么不上市

★华为，合作共赢之路

★华为，与大佬的博弈

★华为，未来将是一个全联接的世界

★华为，可持续发展的努力

★华为，狼性企业文化

★华为，社会责任的思考

在不同人的眼中，华为有着不同的形象，编者只是从个人的思维角度对华为进行了观察、解读。在本书的编写过程中，由于编者水平有限，加之时间仓促，错误疏漏之处在所难免，敬请读者批评指正。同时，部分图片与文字内容引自互联网媒体，请原作者看到本书后及时与编者联系，以便支付稿酬。

编者

2016年12月

CONTENTS 目 录

早在2012年，华为固定网络产品及解决方案已被全球绝大多数的运营商应用，到2016年，华为早已是业内第一；路由器在运营商市场保持优势；在光传输、光接入等领域进一步确定了领导地位，华为，已是当之无愧的领先者。

1987年，华为从深圳市起家，28年之后，华为早已成为深圳市首屈一指的企业，更是深圳市龙岗区的支柱企业。

第三章　华为，始于任正非 / 49

任正非和华为公司，堪称当代商业史上的传奇。1987年，年满43岁的任正非和5个同伴集资2.1万元成立华为公司，利用2台万用表加1台示波器，在深圳的一个“烂棚”里起家创业。可以说，任正非是当之无愧的“华为教父”。

1987年，华为创立时的初始投资仅为2.1万元，而到了2013年，华为的营业收入超越瑞典百年企业爱立信，成为全球最大的电信设备制造商。

2014年4月24日，在第11届华为年度全球分析师大会上，华为战略Marketing总裁徐文伟指出更美好的全联接世界的价值在于不断地突破时间和空间的限制，并分享了对更美好的全联接世界的展望与畅想。

华为在努力为社会创造经济效益，同时关注可持续发展的机遇与挑战，紧密与各利益相关方合作，持续完善自身的可持续发展管理，助力营造和谐的商业环境。

HUAWEI

导读　华为，不仅仅是世界500强

华为为什么是500强

2010年，中国企业有近50家进入了世界500强，而到了2015年年底，中国上榜企业达到106家，上榜企业数量稳居世界第二，其中华为以608.39亿美元营业收入在500强中排名第228位，而前一年华为排名为第285位。

在所有的上榜的非国有企业中，华为是少数的70%以上的收入来源于国外的企业。

而华为的研发投入更是其进入世界500强的基础。

2014年，华为投入研发的经费为408亿元人民币（相当于65亿美元），占当年销售收入的14.2%。任正非对研发投入的基本标准的要求是不低于年销售收入的10%，即比标准高4.2%。

而2015年，华为研发费用占年总收入的15.1%，研发投入为596亿元人民币（92亿美元），近10年华为累计投入的研发费用超过2400亿元人民币。

正是这些研发投入使华为越发强大，屹立在世界500强之林。

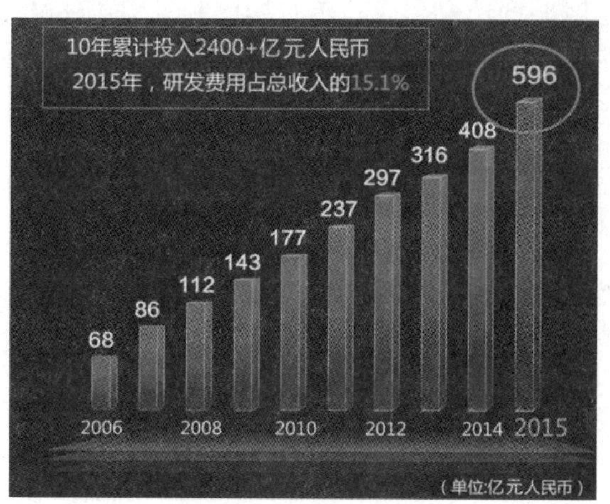

华为10年研发投入额

华为为什么这么强

任正非提到了以下三点内容，很好地诠释了华为为什么这么强：

第一，华为的发展得益于国家政治大环境和深圳经济小环境的改变，如果没有改革开放，就没有我们的发展。

深圳1987年18号文件明晰了民营企业的产权。没有这份文件，我们不会创建华为。后来，华为发展到一定规模时，我们感到税负太重，很多同事说把钱分了算了。这时深圳出了“22条（即《关于鼓励外商投资的规定》）”，提出投资先不征税，等到有收益后再征税，实行了好几年。这个时候我们就规模化了。

第二，华为坚定不移，28年只对准通信领域这个“城墙口”冲锋。

我们成长起来后，坚持只做一件事，在一个方面做大。华为只有几十人的时候就对着一个“城墙口”进攻，几百人、几万人的时候也是对着这个“城墙口”进攻，现在十几万人了还是对着这个“城墙口”冲锋。集中炮火，饱和攻击。

每年以1000多亿元的“弹药量”炮轰这个“城墙口”，研发投入近600亿元，市场服务投入500亿～600亿元，最终在大数据传送上我们领先了世界。引领世界后，我们倡导建立世界大秩序，建立一个开放、共赢的架构，有利于世界成千上万家企业一同建设信息社会。

第三，华为坚定不移地持续变革，全面学习西方公司的管理方式。

我们花了28年时间向西方学习，至今还没有打通全流程，虽然我们和其他一些公司比管理已经很好了，但和爱立信这样的国际公司相比，却多了2万名管理人员，每年多花40亿美元的管理费用。

所以，我们还在不断地优化组织和流程，提升内部效率。

重视知识产权

任正非说：“未来信息社会的深度和广度不可想象，未来二三十年将是人类社会发生最大变化的时代。伴随生物技术的突破、人工智能的实现等等，未来人类社会一定会崛起非常多的大产业。

“我们面对着极大的知识产权威胁。过去二三十年，是从落后通信走向宽

带通信的二三十年，全世界出现多少大公司，美国思科、谷歌、Facebook、苹果，中国没有出多少，就是因为对知识产权保护不够。未来还会出现更多的大产业，比如VR虚拟现实，中国在这些产业是有优势的，但是要发展得更好，必须有十分苛刻的知识产权保护措施。”

坚守“上甘岭”

华为为什么不上市？这个疑问存在于很多人的心里。

任正非说：“因为我们把利益看得不重，就是为理想和目标而奋斗。守住‘上甘岭’是很难的，还有好多牺牲。如果上市，‘股东们’看见股市那儿可赚几十亿元、几百亿元，逼我们横向发展，我们就攻不进‘无人区’了。”

下一个倒下的会不会是华为

曾有很多大企业一夜间倒闭，那么人们不禁会问：下一个倒下的会不会是华为？

对此，任正非是这样说的：“至少在大数据传送这个领域不会出现这种状况。即使有‘黑天鹅’，也是在我们的咖啡杯中飞。我们可以及时把‘黑天鹅’转化成‘白天鹅’。我们内部的思想氛围是很开放自由的，‘黑天鹅’只会出现在我们的咖啡杯中，而不是在外面。我们这里已经汇集了世界主要的技术潮流。”

但是任正非自己也在强调“下一个倒下的是不是华为”，任正非说：“两个问题。第一，我们公司也会懈怠，我们增长的速度非常快，但是增长完了以后会不会变懒呢？我们要看到自己不足的地方。第二，我们国家一定要加强知识产权保护。物权都有物权法保护了，至少知识产权要等同于物权。国家要保护知识产权，才能有发明。”

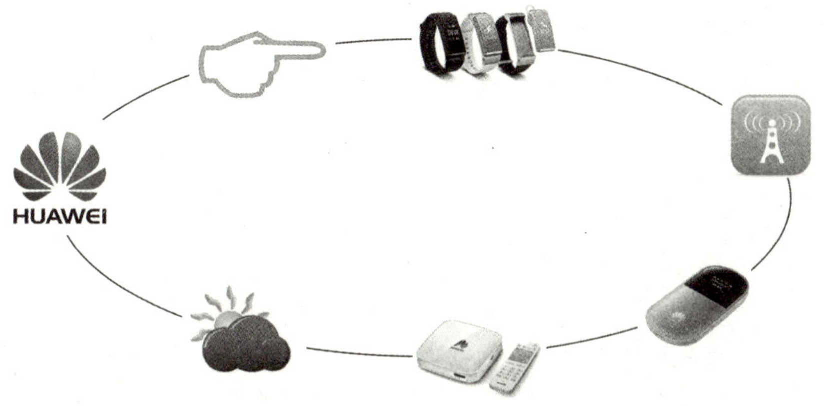

第一章
华为，行业的领先者

导言：

早在2012年，华为固定网络产品及解决方案已被全球绝大多数的运营商应用，到2016年，华为早已是业内第一；路由器在运营商市场保持优势；在光传输、光接入等领域进一步确定了领导地位，华为，已是当之无愧的领先者。

第一节　了解华为

华为简介

华为技术有限公司是一家生产、销售通信设备的民营通信科技公司，总部位于中国广东省深圳市龙岗区坂田华为基地。华为的产品主要涉及通信网络中的交换网络、传输网络、无线及有线固定接入网络和数据通信网络及无线终端产品，为世界各地通信运营商及专业网络拥有者提供硬件设备、软件、服务和解决方案。华为于1987年在中国深圳正式注册成立。

华为的产品和解决方案已经应用于全球170多个国家，服务全球运营商50强中的45家及全球1/3的人口。

华为管理

组织架构

华为的组织架构如下图所示。

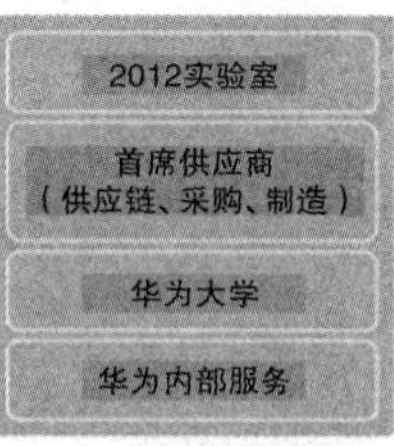

区域组织（地区部、代表处）

华为的组织架构

股东会和持股员工代表会

股东会是公司最高权力机构，由工会和任正非两名股东组成。

工会作为公司股东参与公司重大事项的决策，由持股员工代表会审议并决策。持股员工代表会由全体持股员工代表组成， 代表全体持股员工行使有关权利。

持股员工代表和候补持股员工代表由在职持股员工选举产生，任期5年。持股员工代表缺位时，由候补持股员工代表依次递补。目前持股员工代表会成员包括孙亚芳、郭平、徐直军、胡厚崑、任正非、徐文伟、李杰、丁耘、孟晚舟、陈黎芳、万飚、张平安、余承东、梁华、任树录、田峰、邓飚、周代琪、蔡立群、江西生、尹绪全、姚福海、查钧、李英涛、纪平、陶景文、张顺茂、丁少华、李今歌、王胜利、王克祥、吕克、杨凯军、蒋亚非、何庭波、孙铭、吴昆红、赵勇、颜伟敏、唐晓明、王家定、魏承敏、熊乐宁、李山林、徐赤、宋柳平、周红、陈军、惠椿、彭中阳、李刚。

董事会

董事会是公司战略和经营管理的决策机构，对公司的整体业务运作进行指导和监督，对公司在战略和运作过程中的重大事项进行决策。

董事会成员共17名，由全体持股员工代表选举产生。董事会成员包括董事长孙亚芳，副董事长郭平、徐直军、胡厚崑、任正非， 常务董事徐文伟、李杰、丁耘、孟晚舟，董事陈黎芳、万飚、张平安、余承东、李英涛、李今歌、何庭波、王胜利。

董事会的主要职责如下图所示。

职责一	对公司重大战略进行决策，审批公司中长期发展规划，并监控其实施；对公司业务发展过程中产生的重大问题，包括重大市场变化、重大危机，向管理层提供综合的建议及咨询意见
职责二	审视公司业务运作规律、组织与流程，并批准重大组织调整、业务变革、流程变革的举措
职责三	审批重大的财经政策、财务决策与商业交易活动
职责四	审批公司的经营及财务结果并批准财务报告
职责五	建立公司的监控机制并进行监督
职责六	建立公司高层治理结构，组织优化实施
职责七	首席执行官的选拔、考评和薪酬确定，批准公司高层管理人员的任命和薪酬
职责八	审批公司层面的人力资源规划和重大人力资源政策

董事会的主要职责

董事会专业委员会

董事会下设人力资源委员会、财经委员会、战略与发展委员会和审计委员会，协助和支持董事会运作。

1. 人力资源委员会

人力资源委员会是公司组织、人才、激励和文化等组织核心管理要素的综合管理和提升者，在董事会授权范围内，进行人力资源管理的关键政策和重大变革的制定、决策以及执行监管，既体现公司统一的人力资源管理哲学和核心理念，保证人力资源政策的一致性，又充分适应公司各类各层部门的业务特点

和管理模式，体现针对性，以支撑业务的发展。

人力资源委员会主要职责如下图所示。

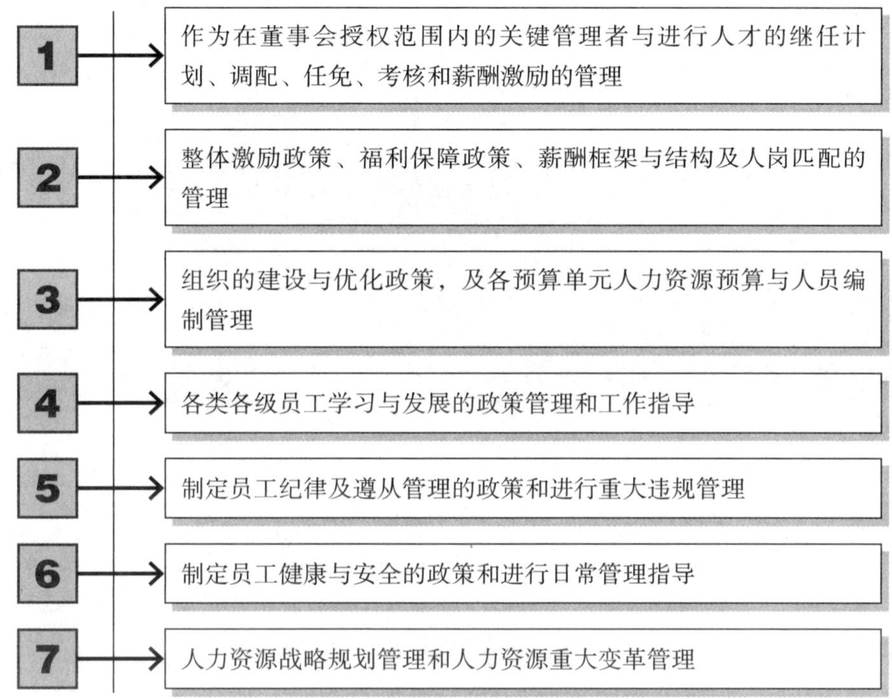

人力资源委员会的主要职责

人力资源委员会成员共15名， 由董事、高级业务主管和资深人力资源专家组成，主任为胡厚崑，成员为郭平、徐直军、徐文伟、李杰、丁耘、孟晚舟、李英涛、万飚、何庭波、张平安、查钧、李今歌、彭博、李山林。

2. 财经委员会

财经委员会是华为企业价值的综合管理者，在董事会授权范围内，对经营活动、投资活动和企业风险进行宏观管控，使公司在机会牵引与资源驱动之间达到动态平衡，实现公司长期有效地增长。

财经委员会主要职责如下页图所示。

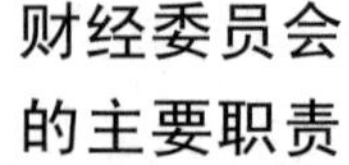

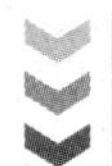

财经委员会的主要职责

财经委员会由15名成员组成，采用董事加专家的结构任命，主任为郭平，成员为徐直军、胡厚崑、徐文伟、李杰、丁耘、孟晚舟、梁华、易翔、邹志磊、阎力大、姚福海、宋柳平、彭求恩、江西生。

3. 战略与发展委员会

战略与发展委员会是公司战略发展方向的思考者、建议者和执行的推动者，通过洞察行业、技术及客户需求的变化趋势，寻找公司的发展机会和路径；通过对产业投资、技术、商业模式和变革的宏观管理，实现公司的力出一孔和持续有效增长。

战略与发展委员会主要职责如下页图所示。

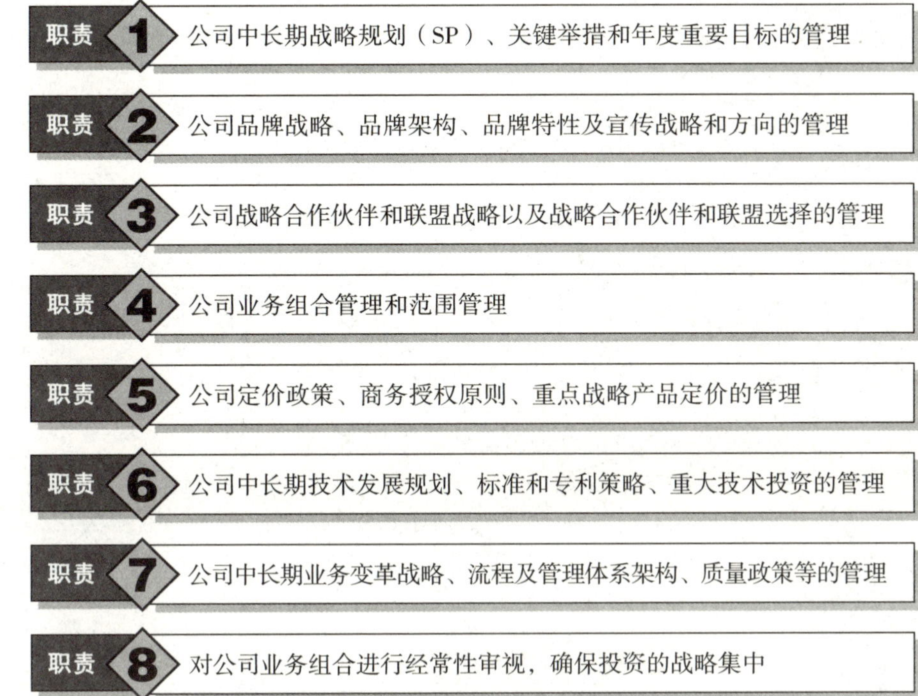

战略与发展委员会的主要职责

战略与发展委员会成员共15名，由董事、高级业务主管和相关领域资深专家组成，主任为徐直军，成员为郭平、胡厚崑、徐文伟、李杰、丁耘、孟晚舟、余承东、李英涛、梁华、张平安、查钧、邓飚、王盛青、张顺茂。

4. 审计委员会

审计委员会在董事会授权范围内履行内部控制的监督职责，包括对内控体系、内外部审计、公司流程以及法律法规和商业行为准则遵从的监督。

审计委员会主要职责如下图所示。

职责一 审批年度内部审计计划，审视审计范围和审计活动执行所需的资源以及执行结果

职责二 审批内控管理的相关政策、内控体系建设方案及关键里程碑，定期评估公司整体内控状况

职责三 审视诚信与遵从职能的有效性、法律法规及公司制度的遵从性

职责四 审批外部审计师的选择，外部审计师发生变更时需向董事会报告，并批准相关费用预算，评估外部审计工作的有效性

职责五 监督公司财务报告的真实、完整和法律遵从，审视会计政策遵从、应用和财务信息的披露

职责六 批准内控评估的考核目标，有权要求相关全球流程责任人、业务管理者进行内控述职

审计委员会的主要职责

审计委员会成员共10名，由监事、董事和相关专家组成，主任为梁华，成员为周代琪、任树录、李建国、尹绪全、田峰、宋柳平、易翔、李今歌、惠椿。

监事会

按照《中华人民共和国公司法》的要求，公司设立监事会。监事会主要职责包括内外合规监督，检查公司财务和公司经营状况，对董事、高级管理人员执行职务的行为和董事会运作规范性进行监督。监事列席董事会会议。

监事会成员由全体持股员工代表选举产生，目前共8名。监事会成员包括监事会主席梁华，常务监事周代琪、任树录、尹绪全，监事田峰、邓飚、宋柳平、易翔。

轮值CEO

华为实行董事会领导下的轮值CEO制度，轮值CEO在轮值期间作为华为经营管理以及危机管理的最高责任人，对华为生存发展负责。

轮值CEO负责召集和主持公司EMT（公司经营管理团队）会议。在日常管理决策过程中，及时将履行职责的情况向董事会成员、监事会成员通报。

轮值CEO由3名副董事长轮流担任，轮值期为6个月，依次循环。2015年，每位轮值CEO轮值期如下：

胡厚崑：2014年10月1日至2015年3月31日。

徐直军：2015年4月1日至2015年9月30日。

郭平：2015年10月1日至2016年3月31日。

相关链接

关于公司轮值CEO的当值公告

根据公司轮值CEO制度，2016年4月1日至9月30日期间由胡厚崑先生当值轮值CEO。轮值CEO是公司经营管理以及危机管理的最高责任人，并根据授权，召集和主持公司董事会常务委员会和经营管理团队的相关会议。

附：胡厚崑先生简历

胡厚崑先生担任华为技术有限公司副董事长。他是华为董事会及EMT（公司经营管理团队）成员，并担任美国华为董事长。胡厚崑先生在电信行业拥有20年经验，在公司战略方向的制定及国际市场的业务拓展中发挥了至关重要的作用。

作为副董事长，胡厚崑先生兼任华为人力资源委员会主任，负责公司领导力与组织发展。胡厚崑先生还担任公司网络安全委员会主席，监管华为全球网络安全战略的制定及端到端网络安全保障体系的建立。

胡厚崑先生于1990年加入华为，当时华为刚刚起步。自此，胡厚崑先生帮助华为建立了全球销售和服务网络，将华为创新的产品和解决方案介绍给全球领先运营商。同时，胡厚崑先生在推动华为全球化的公司管理变革中扮演了关键的角色。担任当前职务之前，胡厚崑先生历任公司战略与Marketing总裁、销售与服务总裁、全球销售部总裁、拉美地区部总裁及中国市场部总裁等高管职务。

独立审计师

审计师负责审计年度财务报表，根据会计准则和审计程序，评估财务报表是否真实和公允，对财务报表发表审计意见。

审计范围和年度审计报告需由审计委员会审视。任何潜在影响外部审计师客观性和独立性的关系或服务，都要与审计委员会讨论。此外，独立审计师还与审计委员会共同商讨审计中可能遇到的问题、困难以及管理层的支持情况。

自2000年起，华为聘用毕马威作为独立审计师。

内部控制

华为基于组织架构和运作模式设计并实施了内部控制（简称“内控”）体系，发布的内控管理制度及内控框架适用于公司所有流程（包括业务和财务）、子公司，以及业务单元。该内控体系基于COSO模型而设计，包括控制环境、风险评估、控制活动、信息与沟通、监督五大部分，同时涵盖了对财务报告的内控，以确保财务报告的真实性、完整性、准确性。

1. 控制环境

控制环境是内控体系的基础。华为致力于倡导及维护公司的诚信文化，高度重视职业道德，严格遵守企业公民道德相关的法律法规。公司制定了员工商业行为准则（BCG），明确全体员工（包括高管）在公司商业行为中必须遵守的基本业务行为标准，并例行组织全员培训与签署，确保其阅读、了解并遵从BCG。华为建立了完善的治理架构，包括董事会、董事会下属的专业委员会、职能部门以及各级管理团队等，各机构均有清晰的授权与明确的问责机制。在组织架构方面，华为对各组织明确了其权力和职责的分离，以相互监控与制衡。公司CFO负责全公司内控管理，业务控制部门向公司CFO汇报内控缺陷和改进情况，协助CFO建设内控环境。内部审计部门对公司所有经营活动的控制状况进行独立的监督评价。

2. 风险评估

华为设立了专门的内控与风险管理部门，定期开展针对全球所有业务流程的风险评估，对公司面临的重要风险进行识别、管理与监控，预测外部和内部环境变化对公司造成的潜在风险，并就公司整体的风险管理策略及应对方案提交公司决策。各流程责任人负责识别、评估与管理相关的业务风险并采取相应的内控措施。公司已建立内控与风险问题的改进机制，能够有效地管理重大风险。

3. 控制活动

华为建立了全球流程与业务变革管理体系，发布了全球统一的业务流程架构，并基于业务流程架构任命了全球流程责任人负责流程和内控的建设。全球流程责任人针对每个流程识别业务关键控制点和职责分离矩阵，并应用于所有区域、子公司和业务单元；例行组织实施针对关键控制点的月度遵从性测试并发布测试报告，从而持续监督内控的有效性；围绕经营痛点，通过流程和内控优化，以提升运营效率和效益，帮助业务目标的达成；每半年进行半年度控制评估，对流程整体设计和各业务单元流程执行的有效性进行全面评估，向审计委员会报告评估结果。

4. 信息与沟通

公司设立多维度的信息与沟通渠道，及时获取来自客户、供应商等的外部信息，并建立公司内部信息的正式传递渠道，同时在内部网站上建立了所有员工可以自由沟通的心声社区。公司管理层通过日常会议与各级部门定期沟通，以有效传递管理导向，保证管理层的决策有效落实。同时，公司在内部网站上发布所有业务政策和流程，并定期由各级管理者、流程责任人组织业务流程和内控培训，确保所有员工能及时掌握信息。公司亦建立了各级流程责任人之间的定期沟通机制，回顾内控执行状况，跟进和落实内控问题改进计划。

5. 监督

公司设立了内部投诉渠道、调查机制、防腐机制与问责制度，并在与供应商签订的《诚信廉洁合作协议》中明确相关规则，供应商能根据协议内提供的渠道，举报员工的不当行为，以协助公司对员工的诚信和廉洁进行监察。内部审计部门对公司整体控制状况进行独立和客观的评价，并对违反商业行为准则的经济责任行为进行调查，审计和调查结果报告给公司高级管理层和审计委员会。此外，华为建立了对各级流程责任人、区域管理者的内控考核、问责及弹劾机制，并例行运作。审计委员会和公司CFO定期审视公司内控状况，听取内控问题改进计划与执行进展的汇报，并有权要求内控状况不满意的流程责任人和业务管理者汇报原因及改进计划，或向人力资源委员会提出问责建议或弹劾动议。

第二节　华为的发展

华为的发展阶段

纵观华为的发展史，不难发现，从战略上看，华为的发展主要分为四个阶段，如下图所示。

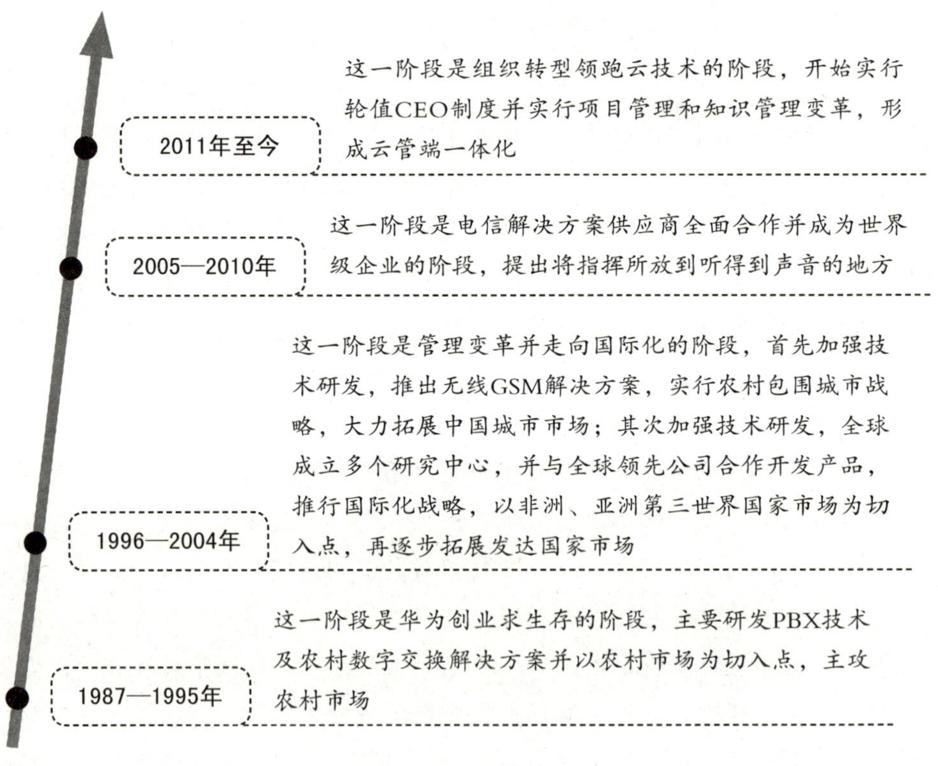

华为战略发展的四个阶段

相关链接

华为的发展历程

时间	事　　件
2014年	在世界移动通信大会上推出全球最小的运营级路由器——原子路由器（Atom Router）
2013年	全球财务风险控制中心在英国伦敦成立，监管华为全球财务运营风险，确保财经业务规范、高效、低风险地运行；欧洲物流中心在匈牙利正式投入运营，辐射欧洲、中亚、中东以及非洲国家 作为欧盟5G项目主要推动者、英国5G创新中心（5GIC）的发起者，发布5G白皮书，积极构建5G全球生态圈，并与全球20多所大学开展紧密的联合研究；华为对构建无线未来技术发展、行业标准和产业链积极贡献力量 400G路由器商用方案得到49个客户的认可并规模投入商用；此外，华为还率先发布了骨干路由器，1T路由线卡，以及40T超大容量的波分样机和全光交换网络AOSN新架构 持续领跑全球LTE商用部署，已经进入了全球100多个首都城市，覆盖九大金融中心 发布全球首个以业务和用户体验为中心的敏捷网络架构及全球首款敏捷交换机S12700，满足云计算、BYOD、SDN、物联网、多业务以及大数据等新应用的需求 以消费者为中心，以行践言（Make it Possible）持续聚焦精品战略，其中旗舰机型华为Ascend P6实现了品牌利润双赢，智能手机业务获得历史性突破，进入全球TOP3，华为手机品牌知名度全球同比增长110%
2012年	持续推进全球本地化经营，加强了在欧洲的投资，重点加大了对英国的投资，在芬兰新建研发中心，并在法国和英国成立了本地董事会和咨询委员会 在3GPP LTE核心标准中贡献了全球通过提案总数的20% 发布业界首个400G DWDM光传送系统，在IP领域发布业界容量最大的480G线路板 和全球33个国家的客户开展云计算合作，并建设了7万人规模的全球最大的桌面云 推出的Ascend P1、Ascend D1四核、荣耀等中高端旗舰产品在发达国家热销

（续表）

时间	事　件
2011年	发布GigaSite解决方案和泛在超宽带网络架构 U2Net 建设了20个云计算数据中心 智能手机销售量达到2000万部 以5.3亿美元收购华赛 整合成立了2012 实验室 发布HUAWEI SmartCare 解决方案 在全球范围内荣获6大LTE顶级奖项
2010年	全球部署超过80个SingleRAN商用网络，其中28个已商用发布或即将发布LTE/EPC业务 在英国成立安全认证中心 与中国工业和信息化部签署节能自愿协议 加入联合国世界宽带委员会 获英国《经济学人》杂志2010年度公司创新大奖
2009年	无线接入市场份额跻身全球第二 成功交付全球首个LTE/EPC商用网络，获得的LTE商用合同数居全球首位 率先发布从路由器到传输系统的端到端100G解决方案 获得IEEE标准组织2009年度杰出公司贡献奖 获英国《金融时报》颁发的业务新锐奖，并入选美国《快速公司》杂志评选的最具创新力公司前五强 主要产品都实现资源消耗同比降低20%以上，在全球部署了3000多个新能源供电解决方案站点
2008年	被商业周刊评为全球十大最有影响力的公司 根据Informa的咨询报告，华为在移动设备市场领域排名全球第三 首次在北美大规模商用UMTS/HSPA网络，为加拿大运营商Telus和Bell建设下一代无线网络 移动宽带产品全球累计发货量超过2000万部，根据ABI的数据，市场份额位列全球第一 全年共递交1737件PCT专利申请，据世界知识产权组织统计，在2008年专利申请公司（人）排名榜上排名第一；LTE专利数占全球10%以上

（续表）

时间	事　　件
2007年	与赛门铁克合作成立合资公司，开发存储和安全产品与解决方案 与Global Marine合作成立合资公司，提供海缆端到端网络解决方案 在2007年年底成为欧洲所有顶级运营商的合作伙伴 被沃达丰授予2007杰出表现奖，是唯一获此奖项的电信网络解决方案供应商 推出基于全IP网络的移动固定融合（FMC）解决方案战略，帮助电信运营商节省运作总成本，以减少能源消耗
2006年	以8.8亿美元的价格出售H3C公司49%的股份 与摩托罗拉合作在上海成立联合研发中心，开发UMTS技术 推出新的企业标识，新标识充分体现了我们聚焦客户、创新、稳健增长和和谐的精神
2005年	海外合同销售额首次超过国内合同销售额 与沃达丰签署《全球框架协议》，正式成为沃达丰优选通信设备供应商 成为英国电信（简称BT）首选的21世纪网络供应商，为BT21世纪网络提供多业务网络接入（MSAN）部件和传输设备
2004年	与西门子合作成立合资公司，开发TD-SCDMA解决方案 获得荷兰运营商Telfort价值超过2500万美元的合同，首次实现在欧洲的重大突破
2003年	与3Com合作成立合资公司，专注于企业数据网络解决方案的研究
2002年	海外市场销售额达5.52亿美元
2001年	以7.5亿美元的价格将非核心子公司Avansys卖给爱默生 在美国设立4个研发中心 加入国际电信联盟（ITU）
2000年	在瑞典首都斯德哥尔摩设立研发中心 海外市场销售额达1亿美元
1999年	在印度班加罗尔设立研发中心，该研发中心分别于2001年和2003年获得CMM4级认证、CMM5级认证
1997年	推出无线GSM解决方案 于1998年将市场拓展到中国主要城市

（续表）

时间	事　　件
1995年	销售额达15亿元人民币，主要来自中国农村市场
1992年	开始研发并推出农村数字交换解决方案
1990年	开始自主研发面向酒店与小企业的PBX技术并进行商用
1987年	创立于深圳，成为一家生产用户交换机（PBX）的香港公司的销售代理

华为技术

专业认证

华为数据通信认证提供从数据通信工程师到数据通信专家的三级通用认证体系。包括HCDA（Huawei Certified Datacom Associate，华为认证数据通信工程师）、HCDP（Huawei Certified Datacom Professional，华为认证数据通信资深工程师）、HCDE（Huawei Certified Datacom Expert，华为认证数据通信专家）。

技术专利

2011年，华为在全球范围内荣获6大LTE顶级奖项，标志着华为在LTE技术研发、商用实践、标准专利、产业链整合等方面上的持续投入和巨大贡献获得业界的一致认可。

截至2014年12月31日，华为加入了177个标准组织和开源组织，担任183个重要领导职位，在IEEE-SA、ETSI、WFA、TMF、OneM2M、OMA、OASIS和CCSA等组织担任董事会成员，积极参与3GPP、IETF活动，获得多个重要职位并主导关键立项。2014年提交标准提案超过4800篇。

截至2014年12月31日，华为累计获得专利授权38825件，累计申请中国专利48719件，累计申请外国专利23917件，90%以上专利为发明专利。也创建了ETSI ISG mWT（毫米波）、SDN、eLTE、灾备技术、互联网金融身份认证（IFAA）等产业联盟。

2015年，华为消费者BG共申请专利9000件。其中，在中国申请6200件，境外申请2800件，同时已经获得中国专利授权2000多件，欧美国家等境外专利授权1100多件。

相关链接》》

苹果向华为专利付费给中国制造带来的启示

2016年5月13日，国家知识产权局公布了一则消息：2015年华为向苹果许可专利769件，而苹果向华为许可专利98件。在通信业，两家公司签订专利许可时，专利许可数量多的一方要向数量少的一方收取专利费，这意味着在通信技术领域，中国企业有了向美国企业收取专利费的转变。

消息一出，有人振奋，也有人淡定。据媒体报道，苹果不仅要向华为支付专利费，也要向爱立信支付；而华为虽然专利许可数量相对比苹果多，但仍同样要向爱立信支付专利费。

转变，毕竟才刚刚开始，中国企业要更多地占据全球产业链上游，才能更有底气。尽管如此，华为取得的成绩还是很能振奋人心，许多立志要做世界第一的中国企业，无数埋首攻坚自主专利的国内研发人员，都在此刻看到了实实在在的希望。

在中国制造的队列中，华为是不同寻常地存在。2014年，华为用中科院院士李小文的照片做形象广告，表明要“真心向李小文学习”；2015年，华为用了“芭蕾脚”的照片，顶级舞者光鲜美丽的脚，脱下鞋却满是训练留下的伤痕；2016年，华为选择了欧洲核子研究中心捕捉“上帝粒子”、黑玫瑰乔伊纳实现0.01秒突破的照片，诠释“厚积薄发”。

可以说，华为取得成绩的背后，正是28年来只做信息通信领域、不惜血本学管理、坚持投入做研发的专注与努力，更是其不断寻求改变、坚持创新的执着。

这也应当是所有企业，特别是制造业最不应放弃的基本成长路径。华为总裁任正非日前在接受采访时，把虚拟经济比作锄头，把实体企业比作玉米，“不能说我用了五六十把锄头就怎么样了，锄头一定要种出玉米。”实业的本分，就是把产品做好，不断追求更高品质，不断引领更新需求。有了实实在在的知识产权、独家产品、口碑品牌，才能去发展各种衍生服务。这不仅是企业安身立命之本，也是现代国家得以实现繁荣的依靠。

其实，在中国乃至整个东亚，企业家们都曾经尤为钟情实业。但时下，这种“造物”情结，在美国金融神话的诱惑下有些淡薄。“以钱生钱”的甜蜜陷阱，曾使得美、欧、日等国家实业发展动力日渐匮乏。

在中国，最缺技术的时代，一些企业还能拿出“砸冰箱”的勇气，去追求产品升级；而当股市飘红，另一些企业却反而把利润都砸进去炒股，坐视国外电视机不停换代。最缺资金的时代，还有人卖掉汽车去研发产品；而当房地产繁荣了，更多的人炒房抢地，甚至把工厂都改成了楼盘。最缺名声的时代，很多民族品牌都因为产品和特色而迅速崛起；可是没过多久，就有很多品牌要么卖给外资，要么陷入恶性价格战。

我们的实业因为“赚快钱”而失去或者拖延了很多做强做大乃至转型升级的机会，有些机会已经一去不复返。

盘点这几年的国际制造业局势，经历过国际金融危机的国家，几乎都在重新重视实体经济。

美国本土制造业已出现明显复苏，装备制造业反弹的幅度甚至超过德国。日本提出“重振制造业”，政府遴选6000多名具有特殊制造技术的优秀人才，培训制造业一线技术人员和熟练工人。德国提出“工业4.0”，试图建立个性化和数字化的生产模式，推动制造业向智能化转型。

中国也不甘人后。无论是国家推出的“中国制造2025”，还是日益追求品质和功能的消费市场，都给中国的实业家们开辟了新的成长空间，而日益完善的知识产权保护，迅速为社会弘扬的“工匠精神”，也为实业创新提供了新的呵护和激励机制。热衷“造物”的企业，正在迎来新的增长机遇。

在国际金融危机袭来的那年，一位从普通推销员一直干到董事长的日本企业家说，在日本，“只要有钱，干什么都行”的想法是行不通的，老老实实地流汗干实事才是正道。“中国制造”也需要更多“种玉米”的人，耕好自己的园，种好自己的田，哪怕一年只得一收，能够育出良种的，就能收获可持续发展的未来。

第三节　业务范围

华为的业务范围

华为主要有三个方面的业务，如下图所示。

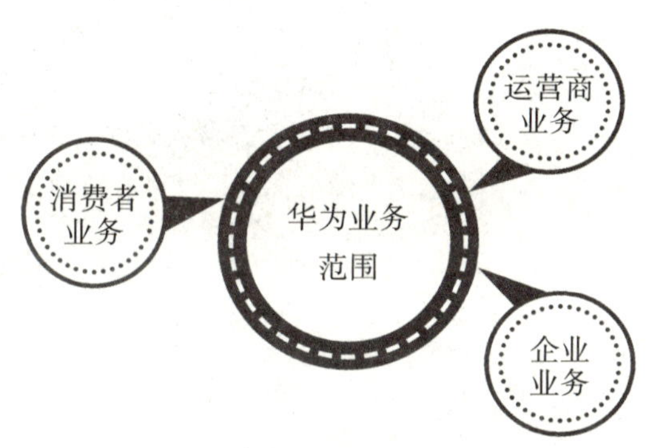

华为业务范围

运营商业务

针对运营商数字化转型的五大发展方向，华为提供端到端SoftCOM系列解决方案，并持续围绕开放、合作、共赢，打造产业生态，携手运营商及合作伙伴共同推进数字化转型的进程，共同开启迈向全联接世界的开放之路。

华为的运营商业务主要如下图所示。

业务一　无线网络领域，华为的MBB2020战略从改变运营商的商业模式出发，以体验为核心，以网络为基础，构建健康的产业生态

业务二　全球服务领域，通过实施产品与服务双驱动战略，持续加大服务产业投入，开放合作共筑数字商业生态圈，持续提升和保障网络性能、业务质量和用户体验，通过咨询与系统集成，助力运营商实现体验驱动的运营转型与基础设施重构，向数字商业迈进

业务三	固定网络领域，全球超宽带产业蓬勃发展，固网宽带由“百兆”向“千兆”的升级出现爆发式增长
业务四	电信软件领域，聚焦Accelerate Digitalizing（加快数字化）的愿景，致力使运营商进行数字化运营和转型
业务五	IT领域，华为抓住传统行业转型升级的机遇，聚焦IT基础设施，专注于硬件产品创新以及平台开放，为运营商的转型构建独特的行业优势
业务六	核心网领域，华为聚焦融合通信演进、分组核心网、NFV、融合数据、IoT等领域，全面升级全联接管理、积极推动云化进程，致力于双高清音视频的极致用户体验，全接入智能管道的流量经营，开放通信能力，支撑电信运营商面向未来网络的转型
业务七	网络能源领域，华为坚持“数字化、网络化、智能化”的核心理念，聚焦通信能源、数据中心能源、智能光伏三大领域，提供全面满足ICT行业供电场景应用需求的解决方案

华为的运营商业务

相关链接

华为与合作伙伴共建印度尼西亚首个FTTH联盟，助力印度尼西亚国家宽带建设

印度尼西亚FTTH联盟峰会于2016年4月27日在雅加达成功举办。在峰会上，印度尼西亚首个FTTH产业联盟（IFA）在印度尼西亚通信部部长、泗水市市长和联盟管理机构Mastel主席的见证下正式成立。该联盟由华为及当地的运营商、房产开发商、物业公司、内容提供商、系统集成商，本地咨询公司等17个成员组成，旨在加强产业多方合作，提升用户体验，共同促进宽带基础设施建设，增加光纤渗透率，丰富家庭和企业的互联网应用，从而成为印度尼西亚数字经济发展的助推器。

最近几年，印度尼西亚快速发展的电子商务、电子政务、远程教育、智慧

城市、智慧家庭等应用对高速宽带接入服务需求强烈，同时政府对数字经济转型有明确的诉求，但由于路权、入户、施工、解决方案集成等问题，宽带渗透率仅有7%且发展缓慢，造成宽带基础设施建设无法有效地匹配数字经济快速发展的需求。为此，印度尼西亚政府在2014年颁布《国家宽带规划》（IBP），计划到2019年使市区宽带渗透率提升到30%，71%的家庭宽带达到20Mbps，全部楼宇实现1Gbps接入。

在峰会上，IFA主席Gunawan先生表示："IFA联盟的成立，将有效加强产业链上各方合作，构建印度尼西亚宽带快速发展的生态系统，共同解决光纤部署中的挑战，支撑印度尼西亚国家宽带战略目标的实现。"

华为固网产品线CTO唐新兵表示："华为将一如既往为印度尼西亚市场提供优质的产品和解决方案，匹配印度尼西亚宽带发展的不同场景，为印度尼西亚数字经济的发展做出应有的贡献，共建更美好的全联接世界。"

光纤渗透率一直是国家ICT产业发展的标志之一。华为自1996年起，长期致力于先进光纤通信技术的研发，为用户提供体验最佳的网络融合和演进解决方案，同时提供丰富的终端和创新的业务，端到端保障客户的商业成功。本次华为将携手产业伙伴，共同推动印度尼西亚FTTH产业的发展，构建印度尼西亚数字经济的高速公路，助力印度尼西亚的经济腾飞。

企业业务

随着云计算、大数据、物联网、移动化等ICT创新技术对各个行业的影响持续加强，客户商业模式、企业IT架构、产业生态圈都在发生着深刻的变革。

（1）聚焦价值行业，华为与合作伙伴、客户共同打造业务驱动的ICT基础架构。

华为聚焦ICT基础架构，围绕客户业务痛点与战略诉求，与合作伙伴在技术、硬件、软件、服务、上市等领域全面合作、联合创新，为客户提供创新、差异化和领先的产品与解决方案，帮助客户实现商业成功。

【拓展阅读】华为在各领域的ICT基础架构

华为在各领域的ICT基础架构

1．智慧城市领域

华为与海克斯康等合作伙伴联合创新，构建全球首个全流程可视、融合的平安城市解决方案，帮助城市管理者和城市应急部门全面提升风险感知、综合预警、及时响应、智慧决策、跨部门高效协同等能力。目前，华为平安城市解决方案已服务于中东、非洲、亚太等区域的30多个国家中的100多个城市的4亿人口。

2．金融领域

华为全渠道银行解决方案在300多家金融机构商用，包括全球Top10银行中的6家。与全球10多家顶尖金融机构和独立软件供应商（ISV）开展联合创新，研究基于云计算与大数据的银行下一代IT基础架构，帮助金融企业应对互联网时代的创新挑战。金融云和大数据解决方案在工商银行、招商银行等10多家大中型银行应用，助力招商银行大幅提升小微贷获客率，显著降低理财产品的营销短信量。

3．交通领域

华为数字铁路解决方案服务里程累计达10万公里以上。在西班牙部署IP化铁路通信系统，在中国完成全球首例LTE承载地铁CBTC信号商用测试，与德国铁路签订合作协议助其建设面向未来的可演进车地通信系统，引领轨道运营通信向IP化、宽带化方向发展。

4．能源领域

华为全联接电网解决方案助力泰国PEA电力公司建设高速安全生产网络，为全面实现电力智能化保驾护航。华为电力物联网方案帮助尼日利亚IE电力公司打造智能用电系统，大幅度降低非技术线损，实现高效运营。

5．教育领域

华为教育云解决方案应用于40多个国家和地区；智慧校园解决方案协助英国纽卡斯尔大学、澳大利亚南十字星大学及清华大学等全球200多所大学提高学校教学科研信息化水平；智慧课堂解决方案服务中国、美国、土耳其、南非等多个国家的基础教育。在全球140多所院校开展华为信息与网络技术学院项目合作，培养学生5000多人，包括英国雷丁大学、澳大利亚悉尼大学、西班牙阿里坎

特大学、巴基斯坦计算和先进科学技术大学（FASTNU）、中国香港城市大学等等。

6. 互联网领域

华为数据中心解决方案规模应用于法国Criteo、印度Flipkart等多个大型网站，助力挪威Evry、澳大利亚Digital Sense、中国香港iAdvantage等多租户数据中心服务商向最终企业客户提供多种不同类型的应用（如VDI）和基础服务（如IaaS）。在网络服务商方面，华为帮助德国Versatel等企业向最终客户提供优质网络服务。

7. 通信领域

华为和全球运营商在企业业务市场开展深入合作，携手西班牙电信，帮助西班牙第一大石油公司CEPSA实现流程制造行业的数字化和智能化发展；联合沃达丰全球企业部，提供创新一站式企业联接服务，在其西班牙、意大利、南非等价值子网进行规模复制。

8. 媒资领域

华为助力韩国KBS实现4K超高清节目编辑，为观众提供更出色的视觉感受；华为媒体云方案帮助中国河南电视台等行业客户提升节目制作效率。同时创新性提出全媒体电视台混合云架构，并纳入中国广电全台网2.0标准。

9. 政务领域

中国国家信息中心采用华为政务混合云解决方案，搭建中国人力资源和社会保障部的国家公务员报考备份系统，分担了部分报考业务流量，经受了突发流量大且高峰持续长的考验，保证2015年国家公务员报考工作圆满完成。

（2）华为提供基于云架构的一站式创新ICT产品与解决方案，使客户实现敏捷创新。

华为IT产品和解决方案服务全球超过150个国家和地区，成为企业数字化转型的新引擎和新标杆。截至2015年年底，华为云计算的企业级合作伙伴达500多家，服务于全球108个国家和地区超过2500家客户，覆盖政府及公共事业、运营商、能源、金融等行业，部署超过140万台虚拟机。截至2015年年底，华为在全球共部署了660个数据中心，其中255个是云数据中心。

（3）华为坚持被集成和联合创新，基于开放技术、开放平台，构筑新生态圈。

截至2015年年底，华为企业业务在全球的渠道伙伴数量超过8000家，解决方案伙伴超过350家；华为全球认证服务合作伙伴（CSP）达到2092家，新增认证工程师1.3万人，华为认证互联网专家（HCIE）累计发展到1300名，服务合作伙伴能力得到持续提升；同时，华为继续扩大全球认证服务合作伙伴生态圈，为60个国家的合作伙伴提供培训与认证服务，为客户、合作伙伴与大专院校培训超过50万人。

相关链接 》》

华为IT入选2016 Gartner CIO Agenda数字化加速者名单

2016年4月26日，在Gartner发布的调研报告Gartner – Building the Digital Platform – The 2016 CIO Agenda中，华为入选数字化加速者名单，该报告显示了被CIO们最经常提及的30个供应商的"数字化得分"结果。

Gartner调研报告显示，商业智能/分析、基础设施&数据中心、云是企业CIO在新IT投入方面的TOP3优选领域。在云和大数据时代，华为在IT领域基于客户价值不断创新，秉承"精简IT，敏捷商道"的理念，聚焦IT基础设施，围绕软件平台和企业云服务，构建云生态，有力推动企业简化IT系统，焕发业务敏捷活力。

随着全球数字化进程的日益加深，领先的企业纷纷将数字化作为业务战略的核心，以在数字化变革中取得成功。华为IT产品线总裁郑叶来表示："华为将携手合作伙伴，在云技术和大数据平台解决方案上帮助客户从架构、硬件、软件、服务等各个方面实现转型，帮助企业在数字化转型中实现商业成功。"

截至2015年年底，华为已拥有500多家云计算企业级合作伙伴，服务于全球108个国家和地区超过2500家客户。华为在全球为客户建立了660个数据中心，其中有255个云数据中心，全球累计部署超过140万台虚拟机，覆盖运营商、金融、能源、教育、大企业等行业。华为希望基于技术创新，打造开放、灵活、弹性、安全的平台，构筑持续发展的多赢生态系统，成为企业数字化转型的新引擎和新标杆，引领新ICT时代。

消费者业务

2015年，华为消费者业务实现销售收入12912800万元人民币，同比增长72.9%，全年智能手机发货量达到1.08亿台，成为全球前三的智能手机品牌。

华为发布消费者云服务白皮书：展示移动互联新生活

2016年1月25日，华为消费者业务正式发布“2015年度·华为消费者云服务白皮书”（以下简称“白皮书”）。白皮书梳理了华为2015年在消费者云服务领域的建设概况，具体从用户概览、用户喜爱的服务和应用、开发者情况三个方面呈现了华为消费者云服务的快速增长和突破，让更多的用户体验到安全安心又丰富多彩的“云”上生活。

据白皮书中披露的相关数据显示，华为消费云服务建设成效显著，截至2015年年底，华为消费者云服务移动用户突破1.3亿人，用户消费能力强，ARPU值高，各项业务均处于高速增长中。

华为消费者BG消费者云服务部总裁苏杰先生表示：“用户规模、活跃度及贡献值的提升，增强了华为消费者云服务生态链的整体吸引力。华为消费者云服务开发者联盟致力于给开发者提供全面支撑，通过生态开放取得互利双赢，同时为广大的消费者构建更好的用户体验。”

1. “云端漫步”，塑造美好移动互联体验

随着移动互联网以及云服务的快速发展，“云端漫步”已经成为互联网用户的主流生活方式。而华为消费者云服务究竟给生活增添了哪些色彩，带来了哪些巨大改变呢？

根据白皮书披露的数据显示，华为基础云服务用户数相比2014年增长320%，其中，使用云相册和开启手机找回功能的用户数相比2014年分别增长了429%和210%，这说明上述两类基础云服务备受消费者欢迎。

以华为EMUI4.0的智能云图为例，能够按人像和美食将云相册照片智能归类，可以帮助用户大幅提升寻找照片的速度；而手机找回功能，则能够帮助消费者在手机丢失的时候定位手机，并远程删除数据。这些亮点功能大大增加了用户的使用频次和黏性，用户体验大幅提升。

对于消费者最为关心的云服务安全和用户隐私保护问题，华为云服务将保护用户隐私放在了最高优先级，参照最严格的欧洲数据保护法的要求，在产品设计、开发和测试上严格遵循安全隐私设计规范，对用户数据的上传、下载、存储等各个环节进行多重保护。2015年，华为云服务通过了全球最权威的CSASTAR安全认证，这标志着对用户数据的保护水平达到业界的先进水平。

2. 有梦想，爱生活——移动互联生活方式缩略图

除了华为基础云服务，华为应用市场中的各类第三方应用也备受消费者欢迎。据白皮书显示，每天有超过2500万用户在华为应用市场寻找自己喜爱的应用，华为应用市场2015年全年应用下载量为175亿次，单日下载峰值高达1.4亿次。在用户最喜爱的应用中，实用工具、影音娱乐、社交通信、便捷生活、出行导航、游戏占据前六名。其中实用工具2015年下载量超过47.2亿次，同比增长304%，“华为文件管理”“UC浏览器”“华为手机服务”“QQ浏览器”“手机百度”是最受华为用户欢迎的五个实用工具软件。

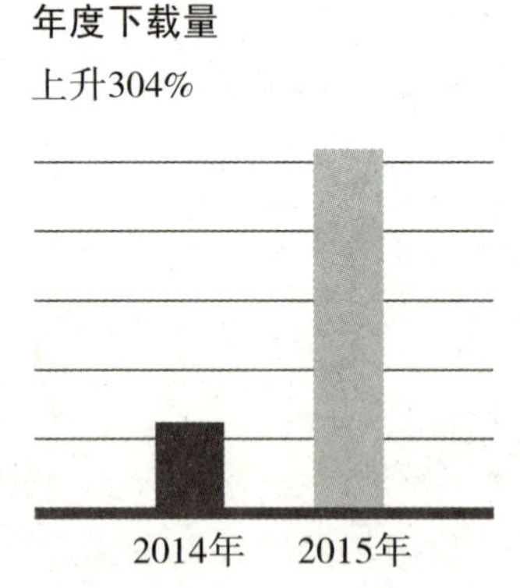

最受华为用户欢迎的工具TOP5

No.1 华为文件管理
No.2 UC浏览器
No.3 华为手机服务
No.4 QQ浏览器
No.5 手机百度

影音娱乐让生活更加丰富多彩，越来越多的华为用户喜欢在手机上听音乐、看视频。2015年华为影音娱乐类应用下载量超过28亿次，同比增长256%。从华为用户最爱听的音乐和最爱看的剧集中，也能看出当下的流行趋势和潮流，如邓紫棋《喜欢你》、李荣浩《李白》，以及《琅琊榜》《花千骨》《何以笙箫默》等等。

游戏是工作之余、日常生活最好的点缀。白皮书显示，华为用户越来越喜爱重度游戏。其中经营策略类和角色扮演类游戏下载量同比增长最快，分别达到

284%、235%。

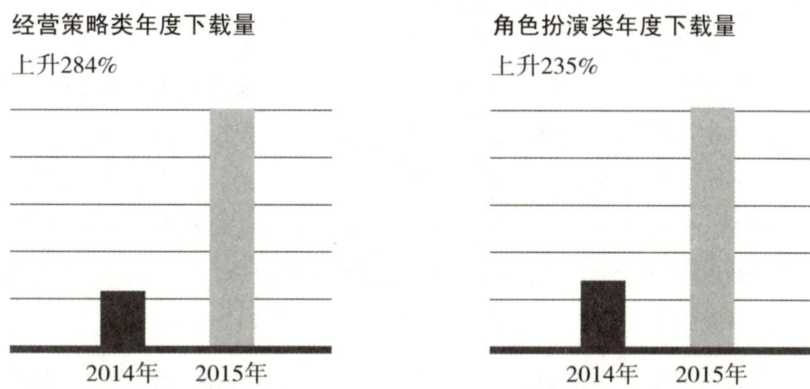

除此之外，华为用户喜爱社交与出游，也喜欢通过手机去享受便捷的生活服务。白皮书显示，2015年社交通信类应用下载量超过22.7亿次，同比增长317%。出行导航应用下载增长迅速，下载量超过12.2亿次，同比增长超过401%。生活应用类应用下载量超过22.7亿次，同比增长338%。

值得注意的是，随着传统服务行业的互联网化，华为消费者云服务抓住时机聚合优秀的第三方内容和应用，实现了应用内容与手机用户的精准匹配。在华为应用市场中，生活服务等多个领域的应用下载量显现爆发性增长。生鲜配送类、美食外卖类、电影票类、家政到家类应用下载量都突破了10倍的增长，其中家政到家类增长接近15倍。

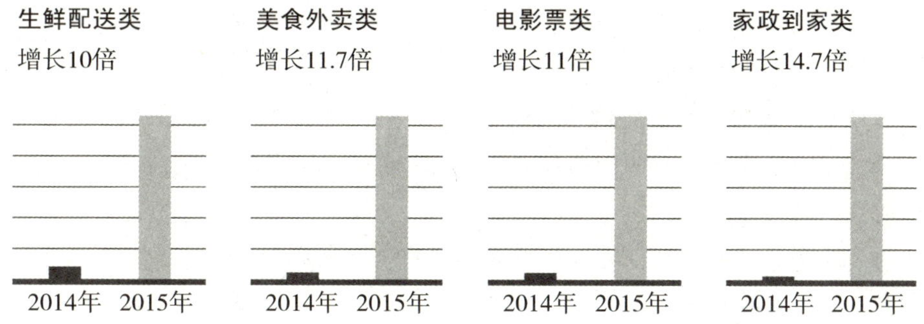

3. 联合开发者，共建卓越用户体验

用户规模的提高、活跃度的上升以及较高的整体用户的ARPU（每用户平均收入）贡献值，增强了华为消费者云服务生态链的整体吸引力。而与开发者建立紧密、高效的连接，也是华为消费者云服务快速增长的重要支撑，数以万计的开发者已经成为华为智能手机繁荣生态链建设的中坚力量。

越来越多的开发者在积极使用华为开放的软硬件能力构建用户体验。据白皮书显示，2015年华为消费者云服务合作开发者伙伴数量相比2014年增长150%，北上广深等一线城市聚集了55%的开发者，贡献了77%的应用数量。2015年，合作伙伴在华为消费者云服务平台上获取分成收入达15亿元人民币。其中，游戏开发者收入增速明显，获得收入的游戏开发者数量同比增长120%，游戏开发者收入同比增长240%。

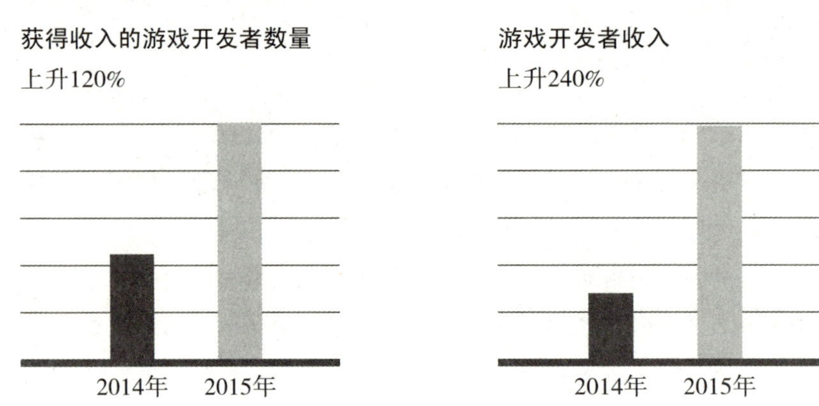

华为发起的创客讲堂、创客大赛、“GO！荣耀7公里”持续增进了华为与合作开发者的黏性。创客大赛评选已经覆盖50万的创客开发人群，有62万名用户报名参加“GO！荣耀7公里”活动。未来，荣耀创客空间将给数以万计的开发者提供更多的技术和资源上的支持。

背靠华为近30年的不懈积淀，依靠沉静扎实的功力，基于以手机为中心的终端产品，华为消费者云服务时刻聚焦用户体验的提升，厚积薄发，正在发生着质的蜕变。

不忘初心，方得始终。未来，华为消费者云服务将会以领军者的使命感，继续与广大开发者保持深入合作，共建卓越的云服务体验，以支撑更多的消费者对于移动互联生活方式的追求，为更多有梦想、爱生活的消费者提供“漫步云端”的舒适体验。

第二章
华为，深圳走出的企业

导言：

1987年，华为从深圳市起家，28年之后，华为早已成为深圳市首屈一指的企业，更是深圳市龙岗区的支柱企业。

第一节　为什么是深圳

了解深圳

深圳，别称“鹏城”，广东省辖市，地处广东省南部，珠江三角洲东岸，与香港仅有一水之隔，东临大亚湾和大鹏湾，西濒珠江口和伶仃洋，南隔深圳河与香港相连，北部与东莞、惠州接壤。

深圳是中国改革开放建立的第一个经济特区，是中国改革开放的窗口，已发展为有一定影响力的国际化城市，创造了举世瞩目的“深圳速度”，同时享有“设计之都”“钢琴之城”“创客之城”等美誉。

深圳市域边界设有中国最多的出入境口岸。深圳也是重要的边境口岸城市，皇岗口岸实施24小时通关。

深圳的历史沿革

深圳市最早的前身为广州宝安县，宝安作为县建制始于公元331年（东晋咸和六年）。朝廷置辖地六县的东官郡，辖地大概为今天的深圳市、东莞市和香港等范围。郡治在宝安县（南头）。

1979年3月，中央和广东省决定把宝安县改为深圳市，受广东省和惠阳地区双重领导；11月，中共广东省委决定将深圳市改为地区一级的省辖市。

1980年8月26日，全国人大常委会批准在深圳设置经济特区，现在，该天也被世人亲切地称为“深圳生日”。第五届全国人民代表大会常务委员会第十五次会议中通过了由国务院提出的《广东省经济特区条例》，批准在深圳设置经济特区。

1981年3月，深圳市升格为副省级市。

1988年11月，国务院批准深圳市在国家计划中实行单列，并赋予其相当于省一级的经济管理权限。

深圳的政策发展

1985年，孵育

深圳成立全国第一家外汇调剂中心，为中国内地建立规范化的外汇市场提供了有益的探索经验。换外汇过去是多么神秘的事情，而现在兑换外汇光明正大，且基本不会影响出国旅游。

《深圳经济特区暂住人员户口管理暂行规定》出台，在中国内地率先实行暂住证制度。如今已经改成居住证。

深圳市保安服务公司成立，成为中国内地第一家市级保安服务公司。

深圳创办科技工业园、科技商品交易所，推动了高新技术产业发展。随后，科技园、工业园在内地如雨后春笋般纷纷冒出，现在的科技园，已是名副其实的孵化器。这里走出了腾讯、研祥、华强、飞亚达、中兴、先科等国内外知名企业。

1986—1987年，国企民企的改革

1986年深圳出台《深圳经济特区国营企业股份化试点暂行规定》，率先探索国有企业股份制改造新路；1987年，深圳市投资管理公司成立，在中国内地率先探索国有资产管理新体制，实际上为朱镕基的“砸烂三铁”国企改革做了前期实质性的“炮火覆盖”。1987年，深圳鼓励技术入股、兴办民营科技企业，由此催生了华为等一批高科技民营企业。

1987—1988年，土地与商品房的改革

1987年，深圳率先放开土地市场，土地拍卖“第一槌”引发新中国土地使用制度的“第一场革命”。1988年，《深圳经济特区住房制度改革方案》出台，“房屋是商品”这一观念开始从深圳走向全国。

1987年，金融方面的发展

深圳发展银行的成立，成为中国内地第一家向社会公众公开发行股票、第一家公开上市交易的股份制商业银行。当年握有000001股票是多么牛气冲天！想不发财都难，当然，现在深圳发展银行已经改为平安银行，证券代码不变。

深圳经济特区证券公司成立，成为中国内地第一家证券公司。

沙头角保税区成立，成为中国内地首个保税工业区。

华为诞生前深圳的经济格局

1986年，全市规模以上工业企业出口产品产值达到18.19亿元，占同口径工业总产值33.05亿元的55%，首次超过50%，反映了深圳经济发展不但以工业为主，而且在外向型经济发展方面迈上了新的台阶。1987年，深圳工业进一步发展。根据有关数字分析，深圳市到1987年已经基本形成以工业为主和外向型经济的格局，并保持着可持续发展的态势。主要体现在下图所示的几个方面：

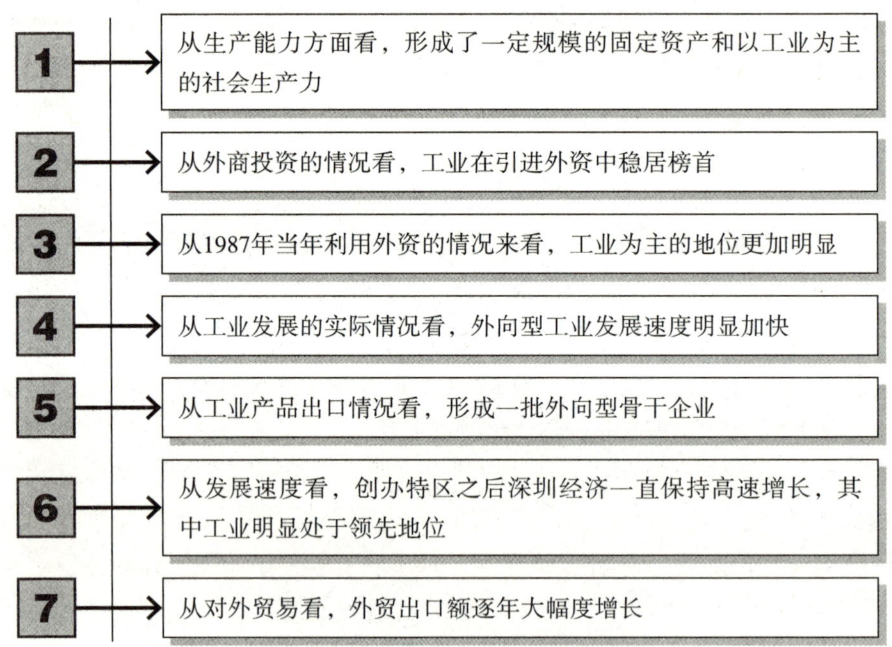

华为诞生前深圳的经济格局

生产能力方面

从1980—1987年，全市基本建设投资累计达到103亿元，开发城区面积达到48平方公里，建成工业厂房总面积312万平方米，形成年70亿元工业产值的生产

能力，为利用外资拓展了较大的空间。

外商投资的情况

到1987年年底，深圳市利用外资达到了一定的规模：累计签订利用外资协议、合同5517项，协议投资总额46.2亿美元，已有18.99亿美元实际到位。外商投资企业遍及各行各业，并且形成比较合理的结构，到1987年年底，全市已有外商投资企业1400家，其中工业企业占60%，商业饮食服务业占12%，房地产业占10%，交通运输、电信企业占3%，建筑业占7%，农林牧渔业占3%，科研、文教、卫生、金融保险与其他占5%。

1987年当年利用外资的情况

1987年全市共签订利用外资协议、合同334项，协议投资金额6.49亿美元，实际利用外资4.04亿美元，主要是生产性项目，工业项目占到94%，而且产品外销比例大的项目多，新签项目中产品出口70%以上的占总项目的85.4%，其中产品出口100%的项目占总项目的18.1%。

工业发展的实际情况

1987年全市实现规模以上工业总产值54.77亿元，比上年增长65.7%，其中出口产品产值为30.70亿元，比上年增长68.8%，占工业总产值比重达到56%。

工业产品出口情况

1985年出口产值为8.63亿元，占当年工业总产值的35.78%；1986年出口产值为18.19亿元，占当年工业总产值的55%，半数以上打入了国际市场，实现了外销为主；1987年出口产值比例进一步上升到56%。在全市1582家工业企业中，已有850多家有自产产品出口，其中年出口额100万美元以上的有72家，年出口额500万～1000万美元和1000万美元以上的各有17家，形成一批外向型骨干企业。

发展速度

全市生产总值从1979年的1.96亿元增加到1987年的55.90亿元，年平均递增52%。同期工业总产值从1979年的0.61亿元增加到1987年的54.77亿元，年平均

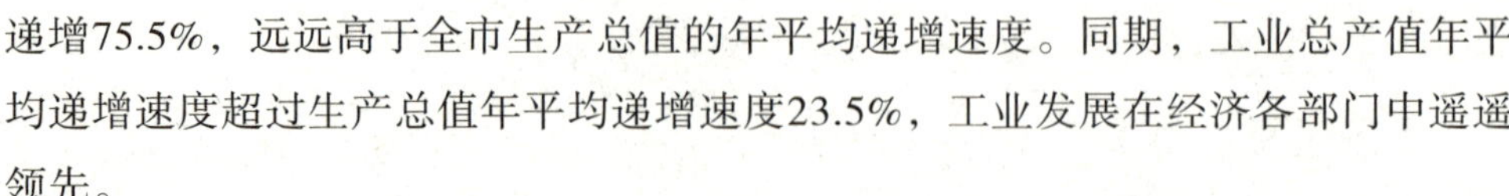

递增75.5%，远远高于全市生产总值的年平均递增速度。同期，工业总产值年平均递增速度超过生产总值年平均递增速度23.5%，工业发展在经济各部门中遥遥领先。

对外贸易

1979年出口贸易总额为930万美元，1985年为5.63亿美元，1986年为7.26亿美元，1987年达到14.14亿美元。在1987年出口贸易总值中，自产产品为8.2亿美元，占58%；从1979年的全市出口贸易总额930万美元增加到1987年的14.14亿美元，年平均递增87.4%，成为深圳外向型经济的又一重要标志。

外汇收入逐年增加，从1979年的2.45亿美元增加到1987年的19.57亿美元，年平均递增29.7%。1987年外汇收入为19.57亿美元，支出为19.75亿美元，基本实现了收支平衡。

从各方面看，到1987年，深圳已经初步形成了以工业为主的外向型经济体系。

促进深圳工业发展的三件大事

深圳确立以工业为主发展外向型经济的战略思想并取得实际成绩，其中有三件大事影响深远，具体如下图所示。

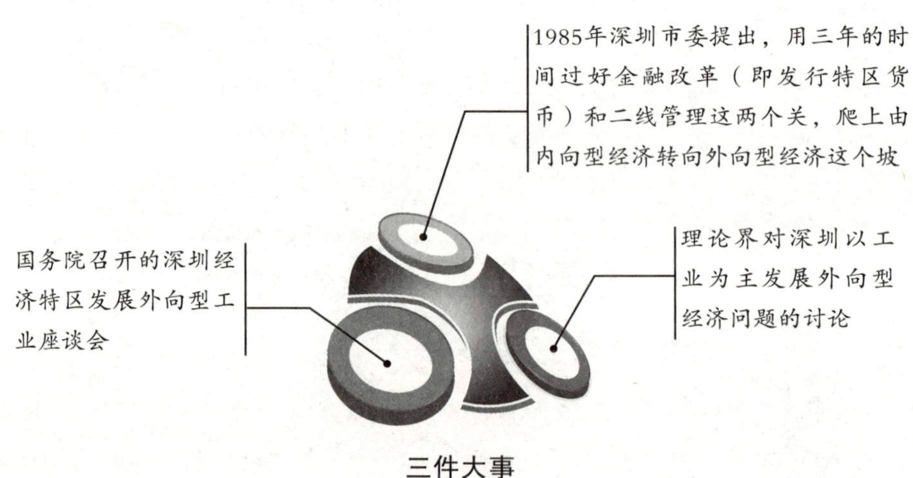

三件大事

第二节　华为带给深圳的影响

在就业方面的影响

创立之初，华为只有6个员工，而据统计，截至2015年年底，华为员工总数超过17000人。

近年来，每年招聘人数都在1万人以上。2016年华为的校园招聘计划如下表所示。

2016年华为校园招聘计划

类型	职位名称	职位类别	招聘人数	工作地点
消服类	营销工程师	营销	55	中国
	产品行销经理	营销	95	中国
	客户经理	营销	723	中国
研发类	技术研究工程师	技术	2	江苏南京
	ID与用户设计工程师	技术	55	中国
	技术翻译工程师	技术	20	中国
	资料开发工程师	技术	73	中国
	结构与材料工程师	技术	240	中国
	热设计工程师	技术	19	中国
	美学设计	技术	7	中国
	算法工程师	技术	342	中国
	技术研究工程师	技术	381	中国
	芯片与器件设计工程师	技术	715	中国
	硬件技术工程师	技术	944	中国

（续表）

类型	职位名称	职位类别	招聘人数	工作地点
研发类	产品信息管理工程师	技术	53	中国
	IT技术支持工程师	技术	60	中国
	大数据开发工程师	技术	142	中国
	存储软件开发工程师	技术	307	中国
	编译器与编程语言开发工程师	技术	7	中国
	云计算开发工程师	技术	693	中国
	数据库开发工程师	技术	203	中国
	操作系统开发工程师	技术	64	中国
	嵌入式软件开发工程师	技术	1820	中国
	安卓应用软件开发工程师	技术	293	中国
	IT应用软件开发工程师	技术	1189	中国
	软件测试工程师	技术	801	中国
	网络安全工程师	技术	79	中国
财经类	财务专员	财经	256	中国
法务部	法务专员	法务	28	中国
供应链类	制造技术工程师	供应链	110	中国
	合同商务工程师	供应链	76	中国
	供应链管理工程师	供应链	153	中国
人力资源类	文秘	人力资源	63	中国
	教育与学习技术专员	人力资源	12	中国
	人力资源专员	人力资源	50	中国
总人数			10130	

在税收方面的影响

据华为2015年年报显示，截至2015年年底，华为营业收入近4000亿元，是互联网三大巨头BAT总和的几倍。

在公司业绩方面，主要体现为以下几张表格。

资产负债表

2015年，华为的资产及5年对比如下表所示。

华为2015年资产负债表

年份	2015年		2014年	2013年	2012年	2011年
单位	美元百万元*	人民币百万元	人民币百万元			
销售收入	60839	395009	288197	239025	220198	203929
营业利润	7052	45786	34205	29128	20658	18796
营业利润率	11.60%	11.60%	11.90%	12.20%	9.40%	9.20%
净利润	5685	36910	27866	21003	15624	11655
经营活动现金流	7595	49315	41755	22554	24969	17826
现金与短期投资	19284	125208	106036	81944	71649	62342
运营资本	13711	89019	78566	75180	63837	56996
总资产	57319	372155	309773	244091	223348	193849
总借款	4464	28986	28108	23033	20754	20327
所有者权益	18339	119069	99985	86266	75024	66228
资产负债率	68.00%	68.00%	67.70%	64.70%	66.40%	65.80%
*注：美元金额折算采用2015年12月31日汇率，即1美元兑6.4927元人民币						

营业收入

按地区分，2015年华为的营业收入与2014年做对比，如下表所示。

2015年营业收入表（按地区）

单位：人民币百万元

	2015年	2014年	同比变动
中国	167690	108674	54.30%
欧洲、中东、非洲	128016	100674	27.20%
亚太	50527	42409	19.10%
美洲	38976	30844	26.40%
其他	9800	5596	75.10%
合计	395009	288197	37.10%

按业务分，2015年华为的营业收入与2014年做对比，如下表所示。

2015年营业收入表（按业务）

单位：人民币百万元

	2015年	2014年	同比变动
运营商业务	232307	191381	21.40%
企业业务	27609	19201	43.80%
消费者业务	129128	74688	72.90%
其他	5965	2927	103.80%
合计	395009	288197	37.10%

纳税情况

2015年，华为交纳税款超过507亿元人民币。

第三节　别让华为跑了

假如龙岗没有华为

在深圳市龙岗区的一份针对2016年前两个月经济分析的报告中反复提到了华为。报告首先表示2016年前两个月经济“开门红”，工业消费都增长，财政收入增长得更是“不要不要的（增速将近50%）”。

但是，不算上华为的话，龙岗区工业产值下降14.3%！

2016年1～2月，华为产值占龙岗区规模以上工业总产值的47%以上，并且产值增速将近40%，比全区水平高出将近25个百分点。若剔除华为，龙岗区规模以上工业总产值则下降14.3%。

一直以来，华为都为龙岗区创造着巨大的产值和税收，但也存在隐忧。2012年，基于业务需要，华为在松山湖注册了华为终端（东莞）有限公司，虽然华为核心部门仍在龙岗区，但华为部分业务存在迁走的可能。

龙岗区一直以来都是以发展工业经济为主，近年来第三产业所占比重以及质量都有所提高，在追求产业结构升级、经济转型的同时，龙岗区不能失去推动经济增长的主要力量——工业，因此，服务华为以及发展除华为外的整个工业经济至关重要。

华为是东莞第一纳税人

华为松山湖基地占地面积1900亩（1亩=0.0667公顷），而且还在追加置地，华为在深圳占有的土地总面积为2460亩，二者已是旗鼓相当。

这么大的面积，怕不止是给华为终端准备的。基本上想全搬过去，也是够用的。其他手机厂商，也没用这么大的办公区。

而且华为旗下的绿苑公司，2015年在东莞连买2块商住用地，建筑面积分别达20万平方米和11万平方米。其中一块地经历49轮竞拍拿下，也就花了7亿多元，楼面价平均2000多元。在深圳，再加个零，也未必能拿到。

东莞年初就喜滋滋地对外宣布，2015年的企业纳税排行榜，华为终端（东莞）有限公司（华为机器）拿下主营业务收入和纳税两个第一。官方未公布具体数据，但估计营业收入已到千亿级别，纳税额在20亿元左右。而2014年，华为终端（东莞）有限公司（华为机器）的纳税额还在10名开外，只有2.4亿元。

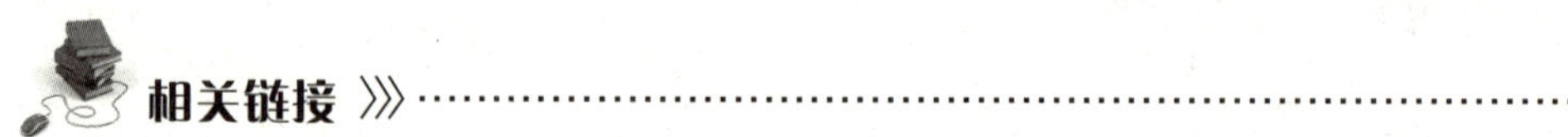

2015年东莞企业纳税榜单出炉　华为一枝独秀摘两项桂冠

1. 2015年东莞企业纳税榜单出炉 前十名中内资企业占七个席位

2016年1月8日，东莞召开全市2015年度工作总结大会。会议上晒出了东莞2015年成绩单：2015年东莞市地区生产总值预计增长8%，一般公共预算收入增长10%，进出口增速在全国外贸总额前五名城市中排名第一，成为全国非省会城市中第四个存款余额超过万亿元的城市。

值得关注的是，会议上还出炉了2015年度纳税额、主营业务收入、实际出口总额等榜单，其中华为终端（东莞）有限公司（华为机器）可谓是一枝独秀，摘得了纳税和主营业务收入两项桂冠。

2. 2015年存款余额超万亿元

据介绍，在创新驱动发展方面，预计全市先进制造业、高技术制造业增加值分别增长6.2%、7.5%；在对外开放合作方面，对“一带一路”国家贸易额增长20%，成为新的大型出口市场。

东莞实施了加工贸易创新发展战略，预计2015年全年一般贸易进出口增速高于全市进出口15个百分点，规模以上工业企业内销比重超过外销。此外，全市实有市场主体达71.3万户，项目投资建设审批时间普遍缩短3～6个月。

会议还发布了2015年度纳税额亿元以上企业、实际出口总额前20名企业、主营业务收入前20名企业等榜单。其中，2015年度企业纳税榜首次将外资企业与内资企业合并在一起发布，共有73家企业纳税在亿元以上。

3. 内资企业表现非常突出

值得关注的是，在2015年度企业纳税榜单的前十名中，内资企业表现非常突出，占了七个席位。其中，前五位都是内资企业，分别是华为终端（东莞）有限

公司（华为机器）、广东电网有限责任公司东莞供电局、东莞农村商业银行股份有限公司、广东烟草东莞市有限公司、东莞市以纯集团有限公司。

外资企业占了三个席位，分别是东莞徐记食品有限公司（第六名）、中国移动通信集团广东有限公司东莞分公司（第九名）和广东广合电力有限公司沙角发电厂C厂（第十名）。

市委副书记、市长袁宝成在主持会议时特别表示，2015年东莞经济发展取得了来之不易的成绩，为表达市政府对全市企业的感谢之意，特意将参加会议的73家企业代表的座位，排在了全市党政机关、各镇街（园区）的前面。

4. 评说2015年东莞内外资企业纳税“英雄榜”

（1）徐记食品：稳坐外资“一哥”宝座。

江湖名号：武林霸主

必杀技：糖点食品

点评：记者梳理2011年以来的纳税榜单发现，在五年来的纳税前十名外资企业榜单上，东莞徐记食品有限公司、中国移动通信集团广东有限公司东莞分公司、东莞雀巢有限公司、广东虎门大桥有限公司等企业都是“老面孔”。

其中，徐记食品有限公司连续多年独霸东莞外资企业纳税冠军宝座。在2015年度东莞纳税外资企业中，徐记食品依然是居于“一哥”的位置。

（2）华为终端：高新科技黑马勇夺冠军。

江湖名号：一剑倾城

必杀技：新兴电子

点评：多年以来，东莞农村商业银行股份有限公司都雄踞东莞市民营企业纳税榜单的第一名，2014年度该公司纳税额更是接近13亿元。2015年，东莞农村商业银行股份有限公司多年蝉联民营企业纳税榜单冠军的局面被打破，这匹黑马是华为终端（东莞）有限公司（华为机器）。

据了解，在东莞71万家企业中，2015年华为终端（东莞）有限公司（华为机器）在纳税和主营业务收入两方面，都位居第一名。而在2013年度东莞市纳税前十名民营企业榜单中，华为终端（东莞）有限公司（华为机器）仅以37049万元的纳税额位居第七位。

（3）万达广场：异军突起。

江湖名号：八臂哪吒

必杀技：娱乐购物

点评：万达在东莞的下属公司可谓异军突起，也是2015年众多企业中的“大赢家”，在纳税榜单中占据了多个席位。

其中，2014年年底才开业的东莞东城万达广场，其所属公司在2015年纳税超过亿元的73家企业总榜单中，位居第十一位，同时位居内资企业纳税榜单的第八位。

（4）诺基亚：退出江湖。

江湖名号：前辈高人

必杀技：手机

点评：诺基亚曾经创造了无数个神话，也一度改变了我们的生活方式。在东莞市外资企业纳税榜单中，诺基亚通信有限公司东莞分公司2011年度排在第三位，2012年度和2013年度均排在第七位，然而从2014年开始，诺基亚在榜单中消失了。2015年上半年，诺基亚东莞工厂关闭。

（5）加多宝：风光不再。

江湖名号：江湖郎中

必杀技：凉茶

点评：近年来，曾经风生水起的加多宝公司官司缠身，给经营带来不小的影响。2011年度，该公司的纳税额位居外资企业榜单第六位，然而2013年已跌出东莞外资企业纳税榜单前十名。在2015年度纳税亿元以上73家企业的榜单中，已不见加多宝的身影。

5. “数”说东莞2015

8%：2015年，全市地区生产总值预计增长8%。

第一：进出口增速在全国外贸总额前五名城市中排名第一。

1万亿元：东莞成为全国非省会城市中第四个存款余额超过万亿元的城市。

15%：预计全年一般贸易进出口增速高于全市进出口15个百分点，规模以上工业企业内销比重超过外销。

983.6亿元：2015年东莞全力推进“三重”建设，新引进57个总投资983.6亿元的重大项目。

250万元：虎门港与石龙铁路货运站开展水铁联运，年吞吐量突破250万标准箱。

华为科技城的恶劣影响

任正非接受新华社采访时，明确表达了对房地产泡沫的厌恶："高成本最终会摧毁你的竞争力。而且现在有了高铁、网络、高速公路，活力分布的时代已经形成，但不会聚集在高成本的地方。"

"深圳房地产太多了，没有大块的工业用地了。大家知道大工业的发展，每一个公司都需要一定的空间发展。"

"工业现代化最主要的，要用土地来换取工业的成长。现在土地越来越少，越来越贵，产业成长的可能空间就会越来越小。这些人要有住房，要有生活设施。生活设施太贵了，企业就承受不起；生产成本太高了，工业就发展不起来。"

华为的需求

所谓的配套、环境，华为是有需求的，但不是商业综合体和高价楼盘，而是交通、教育和养老等民生问题。

在和龙岗政府的协调会上，华为方面表达的需求是：

（1）地铁口黑车太多，影响员工接驳车和人身安全；

（2）海外员工调回总部后户口在内地，小孩读书难；

（3）海外员工父母在国内无人照顾，能否想办法解决？

政府方面均表示"马上就办"，并火速推进几千套华为员工宿舍的建设工程。

第三章
华为，始于任正非

导言：

任正非和华为公司，堪称当代商业史上的传奇。1987年，年满43岁的任正非和5个同伴集资2.1万元成立华为公司，利用2台万用表加1台示波器，在深圳的一个“烂棚”里起家创业。可以说，任正非是当之无愧的“华为教父”。

第一节　走近任正非

任正非简介

任正非，1944年10月25日出生于贵州省镇宁县，祖籍浙江省浦江县，华为创始人、总裁。

1963年就读于重庆建筑工程学院（现已并入重庆大学），毕业后就业于建筑工程单位。1974年为建设从法国引进的辽阳化纤总厂，应征入伍成为承担这项工程建设任务的基建工程兵，历任技术员、工程师、副所长（技术副团级），无军衔。任正非也因工程建设中做出的贡献出席了1978年的全国科学大会和1982年的中共第十二次全国代表大会。

任正非所获荣誉

任正非所获荣誉

时间	奖项名称	评选机构
2003年	2003年中国IT十大上升人物	网民
2005年	美国《时代》杂志全球100位最具影响力人物	《时代》
2011年	《福布斯》富豪榜全球第1153名，中国第92名	《福布斯》
2012年	《财富》中国最具影响力的50位商界领袖排行榜第一	《财富》
2013年	《财富》中国最具影响力的50位商界领袖排行榜第一	《财富》
2013年	美国《时代》杂志全球100位最具影响力人物	《时代》
2015年	2014中国互联网年度人物	人民网
2016年	《财富》中国最具影响力的50位商界领袖（第2名）	《财富》

廉洁自律宣言

2013年1月14日，华为公司在深圳坂田基地召开了“董事会自律宣言宣誓”大会，华为总裁任正非与华为其他10多位高管一起，面向华为全球的几百位中高级管理者做出了自律宣言。

华为此次宣誓由轮值CEO郭平主持，董事会全体成员包括董事长孙亚芳、总裁任正非等10多位高管面对来自全球的几百位中高级管理者一起宣誓：“我们必须廉洁正气、奋发图强、励精图治，带领公司冲过未来征程上的暗礁险滩。我们绝不允许‘上梁不正下梁歪’，绝不允许‘堡垒从内部攻破’。我们将坚决履行承诺，并接受公司监事会和全体员工的监督。”

特色管理之道

在外界看来，任正非作为企业家的管理之道值得称道。毕竟，在度过了创业的艰苦时期后，华为一路走来，不仅保持了强大的战斗力，也拥有了令人钦佩的创新能力。任何一家公司都想要基业长青，也都试图通过管理来实现这一目标。从华为过往的种种表现来看，任正非似乎找到了解决之道。

据华为内部人士介绍，在华为此前的一次常务董事会的民主生活会上，有人提议对任正非进行评价并投票：老板（任正非）懂技术吗？有7人投否定票。老板懂市场吗？又有7人投否定票。接着问，老板懂管理吗？只有1人投否定票。在大多数华为人眼中，任正非是管理企业的好手。

对“老板懂管理吗”这一项投否定票的是华为副董事长徐直军。在他看来任正非不是一个简单的职业经理人，而是一位管理思想家。

用任正非自己的话说就是：“我20多年来主要是务虚，务虚占七成，务实占三成。”他将自己的角色定位为学习、思考、交流、传播。任正非说：“资源是会枯竭的，唯有文化生生不息。”他希望用行之有效的企业文化，实现华为的长久发展。

相关链接 》》

任正非真实身价曝光：超过马云马化腾李彦宏之和

全球已经有超过20亿人每天使用华为的设备通信，即使在4G技术领先的欧洲，华为也有过半的市场占有率。

一、论体量

华为的体量相当于中国互联网最赚钱的BAT的总和！

BAT员工：阿里3万人，百度5万人，腾讯大约3万人，总数为11万人。而华为全球员工总数为17万人！

BAT纳税：阿里纳税109亿元，百度纳税22亿元，腾讯纳税70多亿元，纳税总额为200亿元。而华为自己纳税337亿元！

BAT利润：阿里234亿元，腾讯242亿元，百度105亿元，利润总额为580亿元；70%被国外投资人拿走，而华为自己的利润为279亿元！

从2000年开始的最近15年，华为累积营业收入2.3万亿元，超过70%来自海外客户，在外国人身上赚的钱达1.38万亿元。

下面是华为同BAT的营业收入对比。

在营业收入方面：华为2882亿元，腾讯789亿元，阿里708亿元，百度490.5亿元；华为超过BAT的总和800多亿元。

二、论结构

华为可以做到不上市、不融资就有如此业绩，因为它融的是员工的心！它融的是人心，这才是企业未来的真正出路。

在任正非眼中，搞金融的人光靠数字游戏就能赚进大笔财富，真正卷起袖子苦干的人却只能赚取微薄的工资，这是全世界最不合理的事。所以他坚决不让华为上市，宁可选择把利润分享给员工。这造就了华为的向心力。

华为没有上市，而是把98.6%的股权开放给员工，创办人任正非只拥有公司1.4%的股权。华为所赚的每一分钱都是大家的，都是合伙人的。分享的是现在的82000多名合伙人。这些股东除了不能表决、出售、拥有股票之外，可以享受分红与股票增值的利润，并且每年所赚取的净利，几乎是百分之百分配给股东。

以2010年为例，华为净利达到有史以来最高的238亿元，配出了每股2.98元的股息。若以一名在华为工作10年绩效优良的资深主管为例，该主管配股可达40万股，该年光是股利就将近120万元。这个数字，甚至比许多外商公司的高级经理人还要高！

三、论产品

华为不仅早就把小米远远甩了十万八千里，并且已经超越了苹果！

根据市场研究公司Kantar Worldpanel ComTech发布的最新数据显示，在2015年12月至2016年2月期间，苹果iPhone手机在中国市场的智能手机销售份额2年来首次遭遇下滑，幅度为3.2%，最终停留在22.2%。而华为在中国城市的智能手机份额，是24.4%！

任正非说："再不可以忽悠中国消费者了。什么'物美价廉'，什么'让消费者享受低价'，等等，这些东西都是靠不住的。提升产品品质，需要巨大的投入和决心，需要几十年厚积薄发。你一味降低价格，就没有好产品。而消费者的需求是好产品，是高品质的产品。企业满足不了他们的需求，就把他们逼出中国，到日本等国去狂购。"

四、论研发

华为有1万名博士，几十名俄罗斯数学家。而中国的企业从来不注重研发，而是以短平快著称。华为用它今天的成果向我们证明，只有静下心来做研发，企业才有长远前途！

2014年，华为研发经费为400亿元，2015年，华为研发经费为500亿元！

它远远超过台湾的台积电+鸿海+联发科+联电+纬创的总和！

以投入研发经费计：华为最近10年研发经费已经达到1900亿元，从这个数据上看，如果华为在日本，仅次于丰田，排第二；远超索尼的50亿美元。如果华为在德国，仅次于大众，排第二；远超西门子的55亿美元！

2015年，华为甚至进入了世界各国非军工企业研发经费前十强！

华为注重研发的最直接结果，是它已经拥有了3万项专利技术，其中有四成是国际标准组织或欧美国家的专利。因此在100多个各种标准组织中担任了主席、副主席、董事、各子工作组组长、报告人、技术编辑等至少90个职务。

五、论生态

截至2015年8月底，华为已经在全球建设了660个数据中心，其中255个是云数据中心，这才是人类未来真正的生态基地！

华为ICT产品已经基本实现了对全行业的覆盖，被广泛应用于金融、政府、能源等行业，以及以BAT为代表的互联网企业中。华为服务器去年在国内电力、广电、公安等领域市场份额居于第一位；在银行领域的市场份额居于第二位，今年有望冲刺第一位。

华为，靠的就是技术创新能力，以及海外市场经营绩效获得今天的地位的。当过去的通信产业巨擘摩托罗拉、阿尔卡特—朗讯、诺基亚、西门子等都面临衰退危机时，它却在过去10年间年年成长。

事业越大，心态越淡定。任正非的低调和平常心不是常人能理解的，所以已经72岁的他还深夜独自在机场打车。他应该真正体会到了中国底层人们的苦难，并将自己看作其中的一员，这就是中国企业家最缺少的感恩情怀和平常心。

第二节　任正非的创业路

任正非为何走上创业路

任正非说：“我44岁的时候，在经营中被骗了200万元，被国企南油集团除名，曾求留任遭拒绝，还背负200万元的债。妻子又和我离了婚，我带着老爹、老娘、弟弟、妹妹在深圳住棚屋，创立华为公司。我没有资本、没有人脉、没有资源、没有技术、没有市场经验，唯有勇敢向前，我用了27年把华为带到世界500强，行业世界第一的位置。我不觉得跌倒可怕，可怕的是再也站不起来！”

44岁开始创业

对很多人来说，44岁正是人生和事业的巅峰时期，而对任正非来说也是——他从南油集团退出时已经升至副总经理，然而不同的是多数人在享受人生巅峰的光环时，任正非跌落平地，只能重新开始。

21000元启动资金

华为的创业资本金只有21000元人民币，5年时间，从3名员工发展到1992年的200多名员工。这时候主要从事的是通信交换机产品的贸易代理。1990年开始华为有了自己的交换机产品，但是技术和产品质量都比较低端，当时中国的通信市场主要被西方公司所占据，这些公司处于绝对垄断地位。华为的产品主要用于中小企业内部通信方面。

“网红”任正非：一张照片引发的走红

任正非为人熟知的身份是华为创始人兼总裁，但近来他却有了个新称呼——“网红”。和其他网红不同的是，任正非没有做什么特别之事。于是乎，人们不禁要问：“任正非何以成网红？”

任正非成为网红还要从一张照片说起。

2016年4月中旬，有网友在上海虹桥机场拍摄到一张任正非深夜独自排队等出租车的照片，随后将其发布至社交媒体上。这张照片随即在网上疯传，并刷爆朋友圈。照片之所以备受追捧，原因很简单：作为世界第一大通信设备企业的掌门人，72岁的任正非没有理所当然地享受专车接送、助理拎包，而是排队打车。

此后，又有微博网友曝出任正非在公司食堂排队打饭的照片。照片中，任正非和华为普通员工一样，在食堂排队打饭，整个用餐过程，没有老总架子，倒像一位和大家相处多年的老朋友，冲着给他拍照的华为员工面露笑容。

事实上，早在2012年，任正非就曾被网友拍到深夜赶飞机，在机场独自拖着行李箱乘坐摆渡车的照片。

低调朴素、亲和力强已然成为任正非的“个人标签”。多位熟悉任正非的华为人士透露，任正非的朴素低调是其一贯作风，自己来回机场也是多年常态。

“任正非一手创办的华为现在是世界级的公司，2015年公司销售额近4000亿元，净利润369亿元，任正非身价少说也要60亿元，但拥有这么高的身价他却没有奢靡，依然如此朴素。在这个略显浮躁的社会，天天充斥着炫富等新闻，当任正非这样的正能量出现时，自然引发热议。”一位曾和任正非一起工作多年的前华为人士这样说。

事实上，更多人关心的是任正非成为网红后会对华为产生什么影响?

从华为本身来说，任正非成为网红对于提升企业品牌形象有着不可忽视的作用。华为在全球科技界具有很高的知名度，不少大型科技企业都将其视为成功典范，借鉴其管理经验和经营策略。一些知名企业家，包括海尔创始人张瑞敏、联想创始人柳传志等，也都曾公开表达过对任正非的敬仰之情。但从华为过往的行事风格来看，却有着和任正非一样的低调神秘特质。过去华为只研发生产通信系统设备，客户多是电信运营商和企业；但如今华为已跻身智能手机世界前三强，客户变成了成千上万的普通消费者，这样的变化急需让外界对华为有更多的了解。而此时，有一个能被社会广为接受的当家人，对华为而言，将是绝好的。

相关链接

任正非在华为HR工作汇报会上的内部讲话

以下为任正非在HR工作汇报会上的讲话原文。

一、关于人力资源战略

坚持聚焦管道的针尖战略，有效增长，和平崛起，成为ICT领导者。业务与人力资源政策都应支撑这一战略目标的实施。

我有一个想法，针尖战略的发展，其实就是和平崛起。我们逐渐突进无人区，踩不到各方利益集团的脚，就会和平崛起。坚持这个战略不变化，有可能在

这个时代行业领先，实际就是超越美国。因此战略目标中，将“超越美国”这句话改为“有效增长，和平崛起，成为ICT领导者”。将来业务政策、人力资源政策等各种政策都应支撑和平崛起这样一种方式。

二、关于组织

在主航道组织中实现“班长战争”，一线呼唤炮火，机关转变职能；非主航道组织去矩阵化或弱矩阵化管理，简化组织管理。虚拟考核评价战略贡献，抢占战略高地。

（1）简化组织管理，让组织更轻、更灵活是我们未来组织改革的奋斗目标。

你们要去研究一下美国军队变革，乔良写的一本书叫《超限战》，军队的作战单位已经开始从“师”变成“旅”，作战的能力却增强了，而且美国还在变革，未来的方向是，作战单位有可能是“旅”直管“营”，去除“团”一级，还要缩小成“排”“班”……班长可能真就是“少将”或“少校”，因为一个班的火力配置很强（巡航导弹、飞机、航母……），就没有必要大部队作战。“班长的战争”这个理念应该这么来看，大规模人员作战很笨重，缩小作战单位，更加灵活，综合作战能力提升了，机关要更综合，决策人不能更多。让组织更轻、更灵活，是适应未来社会发展的，也是我们未来组织改革的奋斗目标。

将来华为的作战方式也应该是综合性的，我们讲“班长的战争”，强调授权以后，精化前方作战组织，缩小后方机构，加强战略机动部队的建设。划小作战单位，不是指分工很细，而是通过配备先进武器和提供重型火力支持，使小团队的作战实力大大增强。当然，授权不是一两天能完成的。目前，管理上的问题没有落地，所以3～5年内应把LTC、账实相符，“五个一”作为重点，一定要实现端到端贯通。5年以后，坚定不移地逐步实现“让前方来呼唤炮火”，多余的机构要关掉，这样机关逐渐不会那么官僚化。

当年我们从小公司走向大公司时，不知道怎么管理，分工过细。现在我们使用的工具先进了，很多流程打通了，功能组织也要综合化，不仅要减少层级，也要缩小规模，几个组织合并成一个组织。如商务合同评审的专业组织，应该涵盖运营商BG、企业网BG，没有必要成立两个平台。

矩阵化管理主要用于主航道的作战队伍上，需要一个大规模的平衡，应耗费一点人力资源，称称这个、平衡那个。非主航道就不需要这么复杂的平衡。慧通去矩阵化，第一必须对华为服务，不能到社会上招揽生意，这是对它的制约；第二必须自己养活自己。

内服弱矩阵化，就是流程责任制，只有几个管理的核心干部还是矩阵化的。组织的优化，不要等同时发令，哪个模块成熟了，就可以先走，若总是追求完美的“齐步走”，等候时间就太长了。

我们要有个假设，将来如果我们担负起700亿美元的销售收入，并不意味着华为总人数会产生大幅度增长。我们每年要招聘一些尖子进来，置换不合适的人员，因此总人数增长是有限的，但作战效果会有极大提高。在“811”规划中，不能大幅度增加人员编制，不要总向研发与市场倾斜。但是可以增加薪酬包。

（2）组织绩效：根据当期产粮多少来确定基本评价（KPI），根据对土壤未来肥沃的改造来确定战略贡献，两者要兼顾，没有当期贡献就没有薪酬包，没有战略贡献就不能提拔。

我们认为，还是根据产粮食多少来确定基本评价（KPI），根据对土壤未来肥沃的改造程度，来确定战略贡献。比如，根据销售收入+优质交付所产生的共同贡献，拿薪酬包；若没有做出战略贡献，不能被提拔。我们现在的KPI也包含了很多战略性贡献，战略贡献要搞KPI，我也同意，但要单列，战略KPI和销售收入KPI不能一致。将来公司所有指标都要关注到抢粮食，关注到战略指标。

我们原来的虚拟考核方法很好，可以继续沿用。举例：我们有68个战略制高地、200多个战略机会点，抢占战略高地要靠能力提升、靠策划、靠方法，不完全靠激励。当然，激励也是应该的。虽然做了战略高地，但若利润是负值，乘以任何系数都没用，因此还是至少要实现薄利，不要简单地说“未来如何赚钱”，即使未来赚钱，也是破坏了今天的战略平衡。设定的战略目标，有销售收入浮动的比例。

战略机会点攻入进去了，不允许降价进行恶性竞争，但是允许多花钱，比如可以派两个少将去。BG重心是销售收入，既想卖东西，又想抢占战略高地，是虚拟考核；区域考核的是盈利和战略，即使薄利，也是盈利。当BG和区域的诉求完全不一致时，由区域说了算。

三、关于人才

改良金字塔管理，用人才管理奠定胜利的基础。

（1）保持金字塔的基本架构，拉开金字塔的顶端，形成蜂窝状，让引领发展的“蜂子”飞进来；异化金字塔的内部结构，业务、技术和管理关键岗位，优秀骨干与一般骨干，可以拉开差距。向外差异化对标，引入、用好更优秀的人才。

决定华为公司成败关键的重要时期，估计就在未来3～5年。在大数据超宽带时代，如果我们能够在制高点抢占到一定份额，其实就奠定了我们的胜利基础。人力资源政策要支持和平崛起，就是改良人才金字塔结构。

第一，拉伸金字塔顶端，形成蜂窝状。需要一群外面的“蜂子”飞进来，就要有“蜂子”能够飞进来的空间。现在遇到一个问题，世界上有很多优秀人才进不来，不仅是工资问题，还有组织模型问题。科学家进来，因为较少涉及人际关系处理，所以能留下来。但对于新招入的管理者，他领导的千军万马都是“上甘岭”来的“兄弟连”，谁服他？所以这批人员先放到“重装旅”去参加循环打仗，在打仗过程中，也会形成“兄弟血缘”关系，再任命时他已经适应华为文化。

第二，金字塔内部结构要异化。我们的人力资源有很多模块，以前薪酬待遇都是对标电子工程师，太标准化。现在金字塔架构体系不发生变化，但里面的各个模块要异化，各自去和市场对标。华为机器的核心制造和新产品制造去市场上对标，技师只要做到高质量，可以高工资。制造要尽快开始激活，把全世界最优秀的技师都挖到我们这里来，还做不出全世界最优秀的产品？也欢迎走掉的技师回来共创未来。

（2）适应业务与管理变化，针对性管理各类人才，激活各级队伍。要将高层干部“洞察客户、洞察市场、洞察技术、洞察国际商业生态环境”的发展要求改为“洞察市场、洞察技术、洞察客户、洞察国际商业生态环境”。我们要从客户需求导向转变为社会结构导向了，整个行业转变，客户也有可能会落后于我们对社会的认识，要超越客户前进。

将来要限制干部“之”字形成长的范围，不要强调一定要大流动，有些岗位群不需要具有“之”字形成长经验。基层员工还是需要踏踏实实地干一行、爱一行、专一行，贡献多，就多拿钱。这次我在新疆看到，最安心工作的是新疆本地员工，他们在公司工作多年，千方百计从北京、广州调回去。因为家在新疆，家里人知道情况其实没有那么危险，这次我还跟他们去逛街、吃大排档。而外地来的员工感受不一样，虽然在前线的人没有觉得那么可怕，但外地的家里人总是很担心，天天打电话施加压力。危险地区可以强调本地化原则，如果实现不了那么多本地化，可以招聘当地的大学毕业生，送到拉丁美洲等地区去培训，然后再返回去。

高级干部被末位淘汰不等于是坏事，可以去“重装旅”，再创辉煌。若没有威慑感，大家都会去搞内部平衡。

四、关于激励

“获取分享制”应成为公司价值分配的基本理念，敢于开展非物质表彰，导向冲锋，激发员工活力，公司就一定会持续发展。

（1）社会保障机制是基础，上面的获取分享制是一个个的发动机，合理规划劳动所得和资本所得，导向冲锋，公司就一定会持续发展。

我提出四个假设，你们来看是否正确。第一个假设：流程组织优化，在5年内是否会逐渐有进步？进步的标志就是人员减少，工作效率提高，利润增加。第二个假设：针尖战略是否将提高我们定价和议价的能力？第三个假设：3～5年内，有的竞争对手在衰退，我们的商业生态环境是否在改变？第四个假设：现在人力资源改革产生的动力，特别是分享机制形成以后，会不会提高生产力？如果这四个假设成立，意味着利润会增加，我们可分配薪酬包也就增加了。股东、劳动者收益分配要有合理比例。未来为华为创造价值，要承认资本的力量，但更主要是靠劳动者的力量，特别在互联网时代，年轻人的作战能力提升很迅速。有了合理的资本/劳动分配比例、劳动者创造新价值这几点，那么分钱的方法就出来了，敢于涨工资。这样人力资源改革的胆子就大一些，底气就足一些。

所有细胞都被激活，这个人就不会衰落。拿什么激活？血液就是薪酬制度。社会保障机制是基础，上面的获取分享制是一个个的发动机，两者确保以后，公司一定会持续发展。“先有鸡，才有蛋”，这就是我们的假设。因为我们对未来有信心，所以我们敢于先给予，再让他去创造价值。只要我们的激励是导向冲锋，将来一定会越来越厉害。

（2）逐步实施岗位职级循环晋升，激发各单位争当先进。

第一，我们实际已有的薪酬标准就不要改变了，动的是个人职级。第二，以岗定级不能僵化。以后有少部分优秀人员，没岗位但允许有个人职级，要看重这些人有使命感，创造力。如果脱岗定级的问题现在找不到合适方法来操作，就把

优秀人员的岗位职级先调整了，然后他自己再去人岗匹配，程序还是不变，这个机制可以叫作“岗位职级循环晋升”。

如原来20级的组织，其中做得优秀的那30%可以转到21级，每3年转一圈，做得好的才动。每年拿30%的优秀部门来评价，如果明年这个岗位还在先进名单里，就更先进了，还要涨。落后的没涨，就会去争先进，争先进的最后结果是，我们把钞票发出去了，而且主要发给优秀单位。实行全球P50标准工资的人员范围应该还要向下覆盖。若当公司出现危机时，不是一两百人就能够救公司的。具体如何操作，扩大到多大规模，我不知道。

（3）差异化管理各类人员薪酬，激发员工的活力。

特殊专业人群可以采用特殊的用工和激励方式，如厨师可以拿提成制，多劳多得，抢着出单，才能促进服务质量的提高；法务、翻译等人群，可保留和激励自己的骨干作战队伍，也可以临时用社会上的资源，比如同声翻译，短期雇佣一次，表面上看起来会花不少钱，实际使用起来的总成本还是降低了；文字翻译，只要能及时交付翻译稿件，也可以家里上班。建立这样的社会平台组织，我们自己的组织就缩小了。

在海外薪酬福利管理要简单化，逐步走向像西方的市场化管理。已经实行全球P50高工资的人很多补贴要取消，要建立一个制约措施，不能让大家比赛浪费，过多的补贴不一定会让战斗力增强，可能还是惰怠的，不是激励性的。若大家不愿意去利比亚、伊拉克等国家和地区，可以提高特有的激励待遇体系，这是激励措施不是补贴。以前我们为了阿富汗能去18个人，却采取各种全球化的限制方案，把整个组织都压得喘不过气来，现在的做法就是用阿富汗、伊拉克等国家或我国新疆的特有激励方案吸引大家去，别的体系则正常运作。

（4）非物质激励就是要把英雄的盘子划大，敢于表彰，促进员工的长期自我激励。

第一，非物质激励就是要把英雄的盘子划大，毛泽东说“遍地英雄下夕烟”。现在我们要把英雄先进比例保持在60%～70%，剩下30%～40%，每年末尾淘汰，走掉一部分。这样逼着大家前进。第二，敢于花点钱做一些典礼，发奖典礼上的精神激励，一定会有人记住的，这就是对员工的长期非物质激励。美军海军学院的毕业典礼很独特，在方尖塔上涂满猪油，让大家爬这个塔，大家一层层地攻，欢庆这个典礼。华为大学也要构思一个华为自己的典礼形式，不要总是扔帽子。

五、充分利用类似微信的平台，加强技能经验共享，提高作战队伍能力

我支持公司内部开放，不要怕资料被人偷走，我们的队伍比别人厉害，他搞到一两支枪炮有什么用？而且即使想保密，也不一定都能防范住，反而导致自己的作战队伍能力不行。可以建立公司内部类似微信的平台，有授权的人员才能使用，不对外开放。如在战略预备队这个圈里，所有内容全开放，大家可以下载资料、交朋友……用户按不同战场分类，通过内部圈联络起来，其实也是一个信息安全圈。他自己建立了一个作战圈，可以横跨拉丁美洲、欧洲……因为公司下载到的是同一种表格，他不知道如何使用，在朋友圈里发个求助，对他作战能力的提升有帮助。

人力资源工作的阶段性汇报和结构性思想，后续可以定期讨论，下次也要把财务叫过来。财务要告诉我们，利润率到底预测准确没有。只有坚持账实相符，只有实事求是反映情况，公司才能制定出正确的应对措施。你们要找出一个方法，把公司的内部变化、社会的变化、前进的变化结合起来，跑到最前面的人，就要给他“二两大烟土”。

相关链接》》

任正非：企业家威望越高企业越危险

在价值创造问题上，存在一个悖论：越是从利己的动机出发，越是达不到利己的目的；相反，越是从利他的动机出发，反而越使自己活得更好。华为公司任总显然深谙此道，所以他说得更彻底：为客户服务是华为存在的唯一理由。企业价值是靠什么创造出来的？

在任总看来，资源是会枯竭的，唯有文化才会生生不息。一切工业产品都是靠人类智慧创造的。华为没有可以依存的自然资源，唯有在人的头脑中挖掘出大油田、大森林、大煤矿……企业真正具有巨大潜在价值的、能够创造价值的资源

是人力资源。这个道理是如此朴素，不免使人们对其熟视无睹，浅尝辄止。殊不知，恰恰是朴素的思想造就了伟大的企业。

一、华为价值创造的来源

1. 只有客户成功，才有华为的成功

顾客的利益所在，就是我们生存与发展最根本的利益所在。我们要以服务来确定队伍建设的宗旨，以顾客满意度作为衡量一切工作的准绳。

公司的可持续发展，归根结底是满足客户需求。

从企业活下去的根本因素来看，企业要有利润，但利润只能从客户那里来。华为的生存本身是靠满足客户需求，提供客户所需的产品和服务并获得合理的回报来支撑；员工是要给工资的，股东是要给回报的，天底下唯一给华为钱的，只有客户。我们不为客户服务，还能为谁服务?客户是我们生存的唯一理由。既然决定企业生死存亡的是客户，提供企业生存价值的是客户，企业就必须为客户服务。因此，企业发展之魂是客户需求，而不是某个企业领袖。

2. 价值创造的辩证关系

只提爱祖国、爱人民是空洞的，我这个人的思想是灰色的，我爱祖国、爱人民，但我也爱公司、爱自己的家人，我对自己子女的爱，总还是胜过对一般员工的爱。这才是实事求是，实事求是才有凝聚力。公司一方面必须使员工的目标远大化，使员工感知他的奋斗与祖国的前途、民族的命运是联系在一起的；另一方面，公司必须坚决反对空洞的思想。要培养员工从小事开始关心他人，如支持希望工程。平时关心同事，以及周围有困难的人，提高自己的修养。只有拥有良好的个人修养，才会关怀祖国的前途。为国家，也为自己和亲人，这是两部发动机，我们要让他们都发动起来。实事求是，合乎现阶段人们的思想水平，客观上实现了为国家。

为客户服务是华为生存的唯一理由。公司唯有一条道路能生存下来，那就是客户的价值最大化。有的公司是为股东服务，股东利益最大化，这其实是错的，看看美国，很多公司的崩溃说明这条口号未必就是对的；还有人提出员工利益最大化，但现在日本公司已经有好多年没有涨工资了。因此我们要为客户利益最大化奋斗，质量好、服务好、价格最低，那么客户利益就最大化了，客户利益大了，他有更多的钱就会再买公司的设备，我们也就活下来了。我们的组织结构、流程制度、服务方式、工作技巧一定要围绕这个主要的目的，好好地进行转变来适应这个时代的发展。

我们奋斗的目的，主观上是为自己，客观上是为国家、为人民。但主客观的统一确实是通过为客户服务来实现的。没有为客户服务，主客观都是空的。

华为的董事会明确不以股东利益最大化为目标，也不以其利益相关者（员工、政府、供应商……）利益最大化为原则，而坚持以客户利益为核心的价值观，驱动员工努力奋斗。

二、华为价值创造的核心要素

1. 劳动、知识、企业家和资本共同创造了华为公司的全部价值

在华为公司，一个突破性的观点就是认为劳动、知识、企业家和资本共同创造了企业的全部价值。华为公司为了建立它的价值分配体系，必须在理论上对价值创造的要素做新的确认。这种确认实际上突破了古典经济学价值创造的理论，突破了我们所谓一般意义上的劳动创造价值的理论，那么，这个突破就为它的价值分配系统的设计奠定了基础。

我们现在在高技术领域里重新认识这个问题的时候，主要是正确估计知识在创造价值中的作用以及重新正确估计企业家在创造价值中的作用，而不是简简单单仅去考虑一般的劳动，特别是体力劳动的作用。因为在高技术企业里，一般操作性工人所占的比重是很小的。以华为公司为例，它的 R&D（Research and Development，研究发展）人员占 40%，市场营销人员占到 35%，真正的生产人员只占 15%，而真正在作业线上完成作业功能的人连 10%都不到，这样的话，整个公司的价值到底是谁创造的?实际上不能以一般的劳动创造价值的意义来理解，而要特别突出知识和企业家在整个价值创造过程中的作用。

2. 劳动：为客户创造价值才是奋斗

在华为应该有这样一个定理：员工靠知识、靠诚实劳动，应得到较好的报酬，不靠诚实劳动及知识就能赚到钱只能说明管理有问题。一定要促成一种风气，诚实去劳动，有效去进步。

尽心与尽力，是两回事。一个人尽心去工作与尽力去工作，有天壤之别。要培养一批用心的干部。用心的干部，即使技术上差一点，也会赶上来，因为他会积极开动脑筋，想方设法去工作。因此在加强部门实力建设过程中，一是要培

养队伍，二是要把尽心的人提拔上来。用心工作，就是思想上艰苦奋斗；尽力工作，就是没有目标性地完成任务。

我相信多数干部都是尽力的干部，但是否尽心就不一定。你要想成为高级干部就得尽心。全心全意与努力是两个概念，尽心做事与尽力做事是两个根本性不同的概念，思想上艰苦奋斗就是尽心。尽力不是好干部，而是中低层干部，尽心才是好干部。

有些员工不负责任，老说流程改了，又借口有新规定出台而推诿，这样的人就是不尽心的人。每个员工接到他人的求助时，都要尽力去想办法，积极主动地去解决问题，不能让求助的人自己去想办法。尽心和尽力工作是有本质区别的，这种区别在评定中一定要体现出来。

一般人只注意身体上的艰苦奋斗，却不注重思想上的艰苦奋斗。科学家、企业家、善于经营的个体户、养猪能手，他们都注重思想上的艰苦奋斗。为了比别人做得更好一点，为了得到一个科学上的突破，为了一个点的市场占有率，为了比别人价格低些，为了养更多更好的猪，他们在精神上承受了难以想象的压力，殚精竭虑。他们有的人比较富裕，但并不意味着他们不艰苦奋斗，比起身体上的艰苦奋斗，思想上的艰苦奋斗更不被人理解，然而也有更大的价值。评价一个人的工作应考虑这种区别。

我们永远强调在思想上艰苦奋斗。思想上艰苦奋斗与身体上艰苦奋斗的不同点在于：思想上艰苦奋斗是勤于动脑，身体上艰苦奋斗只是手脚勤快。

一切员工在公司长期工作的基础是诚实劳动和胜任本职工作。

什么叫奋斗，为客户创造价值的任何微小活动，以及在劳动的准备过程中，为充实提高自己而做的努力，均叫奋斗，否则，再苦再累也不叫奋斗。

为客户创造价值才是奋斗。我们把煤炭洗得白白的，但客户没产生价值，再辛苦也不叫奋斗。2个小时可以干完的活，为什么要加班加点用14个小时来干?不仅没有为客户产生价值，还增加了照明的成本、空调的成本，还吃了夜宵，这些钱都是客户出的，却没有为客户产生价值。

任何员工，无论您来自哪个国家，无论新老，只要坚持奋斗，绩效贡献大于成本，我们都将视为宝贵财富，不断激励您成长。

每周只工作40小时，只能产生普通劳动者，不可能产生音乐家、舞蹈家、科学家、工程师、商人……如果别人喝咖啡，我们也有时间喝咖啡，我们将永远追不上别人。

3. 知识：知识资本的力量不可限量

我们这个时代是知识经济时代，它的核心就是人类创造财富的方式和致富的方式发生了根本的改变。随着时代的进步，特别是由于信息网络给人带来的观念上的变化，使人的创造力得到极大的解放。在这种情况下，创造财富的方式主要是由知识、由管理产生的，也就是说人的因素是第一位的。这是企业要研究的问题。

知识经济时代，企业生存和发展的方式发生了根本的变化，过去是资本雇佣劳动，资本在价值创造要素中占有支配地位。而知识经济时代是知识雇佣资本。知识产权和技术诀窍的价值和支配力超过了资本，资本只有依附于知识，才能保值和增值。

对一些高技术产业，人的脑袋很重要，金钱资本反而有些逊色，应多强调知识、劳动的力量，这就是知识资本，我们称之为“知本主义”。

我们强调人力资本不断增值的目标优先于财务资本增值的目标。

4. 企业家：企业家威望越高企业越危险

我们继续提倡敢作敢为的大无畏精神和冒险精神，要有越挫越勇的勇气与信心。不断开发新的市场与新的技术。要不断地培养职员的商业与技术的敏锐的嗅觉与远见，要在拼搏中使他们出类拔萃，使一代新人应运而生。没有尝试就没有成功，“干即成功”这个透彻的人生哲学，一直激励着奋发有为者。“狭路相逢勇者胜。”

华为第一次创业的特点，是靠企业家行为，为了抓住机会，不顾手中资源，奋力牵引，凭着第一、第二代创业者的艰苦奋斗、远见卓识、超人的胆略，使公司从小企业发展到初具规模。

关于企业家的含义，美国哈佛大学有一个教授叫作霍伍德·斯蒂文森，他是这个领域的权威，他说企业家精神就是追求机会，而不顾手中现有的资源。在华为公司就能非常鲜明地感觉到这个特点，完全是一种典型的企业家经营方式。所以，华为公司的成功首先是在战略上，第一个是紧紧围绕资源共享展开，不为其他的诱惑所动。第二个是华为的资源不仅仅局限于企业内部，它还充分利用社会

的各种资源，利用世界上的资源来为我所用。所以，企业才能够迅速做大。现代社会的发展，任何一个组织的发展，没有资源是不行的，但是资源不一定是你能够控制得住的，关键是你能不能够调动起来。第三个是压强原则。

我们一定要讲清楚企业的生命不是企业家的生命，什么叫企业的生命不是企业家的生命?就是我们要建立一系列以客户为中心、以生存为底线的管理体系，而不是依赖于企业家个人的决策制度。这个管理体系在它进行规范运作的时候，企业之魂就不再是企业家，而变成了客户需求。客户是永远存在的，这个魂是永远存在的。我在10年前写过一篇文章，《华为的红旗能打多久》，里头就引用了孔子的一句话："子在川上曰，逝者如斯夫。"我讲管理就像长江一样，我们修好堤坝，让水在里面自由流，管它是晚上流还是白天流。晚上我睡觉，但水还自动流。水流到海里面，蒸发成水汽，雪落在喜马拉雅山，又化成水，流到长江，长江又流到海，海又蒸发。这样的循环搞多了以后，它就忘了一个还在岸上喊"逝者如斯夫"的人，一个"圣者"，它忘了这个"圣者"，只管自己流。这个"圣者"是谁?就是企业家。企业家在这个企业里没有太大作用的时候，就是这个企业最有生命的时候。所以企业家还具有很高威望，大家都很崇敬他的时候，就是企业最没有希望、最危险的时候。

领袖不需要太懂技术但要懂方向、要看清商业目标，要有战略思维能力，要跳出技术思维圈子。

一个领袖要干什么?一个领袖其实就是要抓住主要矛盾、抓住矛盾的主要方面。工作就是要找准方向。

我认为制定一个清晰的战略目标，让大家来跟随，这就是领袖的作用。

我认为思想领袖更多的是在价值分配、全球战略格局上去思考，发挥引领作用。思想领袖不是停留在管理方法，而是要上升到管理哲学层面；战略领袖要规划未来的战略格局；高端专业就是做系统性的规划。

5. 资本：以劳动为本位，而不是以资本为本位

公司下一步发展离不开资金积累。在资金来源上，有两种可能性：第一种是开放资金市场，公司股权让公司以外的人来购买；第二种就是扩大生产，增加利润，自我积累。第一种方式来钱快，但这种钱不是好拿的，而且可能干扰我们的体制。我们是以劳动为本位，而不是以资本为本位的体制，采取对劳动成果高度

肯定的态度，以工资、股票等形式对劳动者给予报酬。尽管目前这种体制还是靠公司领导个人品质来维持，体制本身也处于探索中，但这种机制一定要规范化，以制度的方式存在下去。所以，华为既不能把资金全部寄托在资金开放上，也不能仅局限于自身的利润积累，而应在二者之间寻求平衡点。

我们在产品领域经营成功的基础上探索资本经营，利用产权机制更大规模地调动资源。实践表明，实现这种转变取决于我们的技术实力、营销实力、管理实力和时机。外延的扩张取决于内涵的做实，机会的捕捉取决于事先的准备。

资本经营和外部扩张，应当有利于潜力的增长，有利于效益的增长，有利于公司组织和文化的统一性。公司的上市应当有利于巩固我们已经形成的价值分配制度的基础。

任正非在《华为基本法》起草过程中多次说道，高技术企业在初期使用知本（或知识资本）的概念是很准确的；资本要考虑知本和风险资本两个方面，知本要转化为风险资本，风险资本要滚大，否则不能保证企业的长期运作；风险资本既包括企业风险资本，也包括外部风险资本；在价值分配中要考虑风险资本的作用，要寻找一条新的出路。劳动、知识、企业家的管理和风险的贡献累计起来以后的出路是什么?看来是转化为资本。我们不能把创造出来的价值都分光了，而是要积累成资本，再投入到企业的经营中去。

我们公司的独特竞争优势立足于实行普遍教育的人口大国下的规模化研发低成本。我们公司的商业模式是通过将网络设备业务做大做强来构建全球化、国际水准的市场平台、服务平台、研发平台、管理平台，在此平台上培养干部、发展新业务，并通过新业务的资本运作来获利。

……………………………………………………………………

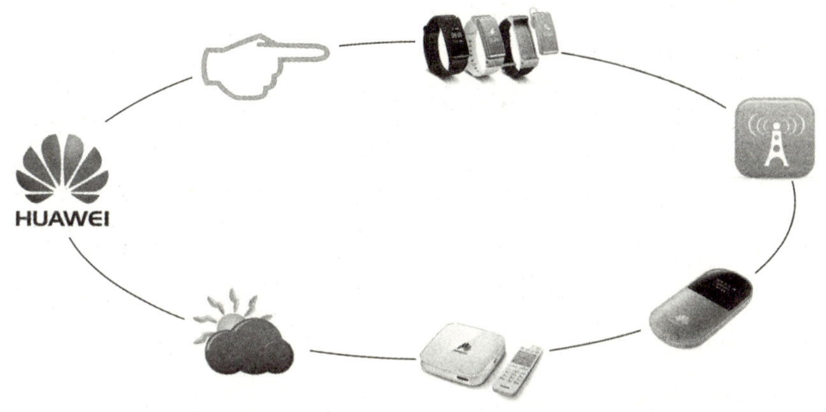

第四章
华为，为什么不上市

导言：

2014年，华为创始人任正非在接受媒体采访时明确表示，华为肯定不会上市，“资本市场都是贪婪的，从某种程度上来说，不上市成就了华为的成功。”

第一节　员工持股制度

《华为基本法》第十七、第十八条论述了知识资本化、价值分配的形式。

知识资本化

《华为基本法》第十七条　我们是用转化为资本这种形式，使劳动、知识以及企业家的管理和风险的累积贡献得到体现和报偿；利用股权的安排，形成公司的中坚力量和保持对公司的有效控制，使公司可持续成长。知识资本化与适应技术和社会变化的有活力的产权制度，是我们不断探索的方向。

我们实行员工持股制度。一方面，普惠认同华为的模范员工，结成公司与员工的利益与命运共同体。另一方面，将不断地使最有责任心与才能的人进入公司的中坚层。

价值分配形式

《华为基本法》第十八条　华为可分配的价值，主要为组织权力和经济利益；其分配形式是：机会、职权、工资、奖金、安全退休金、医疗保障、股权、红利，以及其他人事待遇。我们实行按劳分配与按资分配相结合的分配方式。

华为的股份结构

华为在创办的初期，作为民营企业融资困难，同时为了吸引人才，任正非大量稀释了自己的股份，这就是华为的全员持股制。大家既是员工又是股东，所以华为能万众一心，蓬勃向上，企业的执行力特别强。

华为员工持股状况

华为是100%由员工持有股份的民营企业。股东为华为工会和任正非。

华为通过工会实行员工持股计划，员工持股计划参与人数为79563人（截至2015年12月31日），参与人均为公司员工。员工持股计划将公司的长远发展和员工的个人贡献有机地结合在一起，形成了长远的共同奋斗、分享机制。

任正非作为公司个人股东持有公司股份，同时，任正非也参与了员工持股计划。截至2015年12月31日，任正非的总出资相当于公司总股本的1.4%。

华为员工持股状况具体如下图所示。

状况一	华为在2009年财报中首次披露股权结构，公司近99%的股票由员工持有
状况二	华为员工是通过工会持股。绝大多数员工的持股量为数万股（工作3年的14级员工），而极少一部分人的持股量达到了数百万股
状况三	该计划当前对于华为公司股票的定价为每股5.42元人民币，员工购买数万股需要几十万元
状况四	华为根据1997年制订的《员工持股计划（ESOP）》授予高绩效员工股票，按照该员工的工作水平和对公司的贡献决定其获得的股份数
状况五	华为的《员工持股计划》为激励员工而设，而该计划也使华为得到大量流动资金。但持股员工必须满足是中国公民的条件
状况六	华为公布股权计划的一部分原因是为了反驳美国怀疑中国政府在华为公司的日常运作中影响投资决策
状况七	每个目前受雇于华为的持股员工都有权选举和被选举为股东代表，选举为每 5 年一次。持股员工会选出51人作为代表，再从51名代表中选出华为17人董事会的成员以及监事会成员

华为员工持股状况

【拓展阅读】什么是员工持股计划

什么是员工持股计划

路易斯·凯尔萨：员工持股理念奠基人

一个伟大的管理实践，一个经典的管理实践是要有理论指导的，没有理论指导的管理实践仅仅是一个工具。我们谈员工持股的基本理念首先会想到路易斯·凯尔萨，他是员工持股计划之父，是这一理论的奠基人。在1956年他创立了美国历史上第一个员工持股计划。1958年他系统地提出了员工持股计划的思想，写了一本很重要的书，《资本主义宣言：如何用借来的钱让8000万工人变成资本家》。1986年他和他的夫人完成了《民主与经济的力量》，对于所谓的民主与经济的力量，他提出了三条道路：第一条道路是社会主义道路，第二条道路是资本主义道路，第三条道路叫第三种经济力量，对员工持股计划的理论与实践做了更深入系统的描述。

凯尔萨认为劳动只能维持生活，而资本产生富裕，因为富裕通常是资本，而不是劳动的产物，这就是他面临他所处的时代环境做出的一个结论。他提出的理念，是以改变这种现实为基础，他提出的第三条道路就是把劳动者变成资本工人，进行身份转化，通过实行员工持股计划，使员工持有公司的内部股份，这样劳动者就有了双重身份，一方面是被雇佣者，另一方面是作为公司股份的持有者，这样能够使劳动者以资本所有者的身份参与公司财富分配，与资本所有者共享公司的成功。

这样，员工一方面作为劳动工人，取得工资、奖金、福利保险，用于养家糊口；另一方面，他作为资本工人，以内部持股的形式，积累个人财富。对于企业来讲，员工持股计划通过内部的设计，为企业的发展注入了经济与民主的两种力量（企业的两种新的机制产生）：民主的机制是作为股份的持有者，可以参与公司的管理决策；经济的力量在于通过物质方面来调动员工的积极性，让他们和企业形成命运共同体、利益共同体和责任共同体。前者叫“金色的握手”，后者叫“金手铐”。这就是凯尔萨整个思想的来源。思想的云化成了实践的雨，变成了员工持股计划的实践。

员工持股计划是一个制度体系

这个实践经过了时间的演变，其实已经形成了一个体系。有六种方式：员工持股计划（一般企业）；员工股票购买计划（高科技企业、惠普式）；股票认购权（高科技企业、关键员工）；受限股（赠送股、管理层）；随意股（小企业、特殊员工）；奖励股（员工股票购买计划的一种，限制使用）。

有一本书是讲硅谷的崛起，叫《128号公路的奇迹》，讲的是硅谷奇迹为什么能产生。书中讲了两个原因：一个是资本的力量，就是风投，创业者是没有资本的，你有了好项目，通过风投给你插上资本的翅膀，这是外部的台风；还有一个就是员工持股计划，改变了过去那种单纯的雇佣关系，变成了一种基于合伙人或者是基于员工持股计划的公司内部治理结构。我们国内单一的形式比较多一些，但实际上这六种员工持股计划在国外都有实践，而且一家公司也可以有很多种。像微软就有四种员工持股计划，针对不同对象为了不同的目标而设立。

员工持股计划的四大核心目的

员工持股计划目的何在？

一是奖励为股东创造价值的人。

二是使股东的利益与员工的利益紧密结合，而不是在企业内部形成不同的利益集团和利益群体。

三是让员工分担公司风险。

四是让员工分享公司的成功。

特别提醒大家注意，国外员工持股计划的基本原则是分担公司风险和分享公司成功，在国外一定是将分担公司风险放在前面，分享公司成功放在后面。只分享成功不分担风险，那叫天上掉馅饼。

在国内往往是把员工持股计划、股票期权看作一夜暴富、天上掉馅饼的一种机制，这是一个极大的错误。员工持股计划能造就百万富翁，也可以造就穷光蛋。我们改革开放30多年了，中国经济高速增长，大家对员工持股计划的概念都是财富创造概念，而舍弃了风险，风险和成功应该是统一的，应该是均衡的。

公司设计员工持股计划，实质上是要让能够持续贡献的员工“把根留住、把心留住”，这就是我们讲的金手铐的理念，是留人的一种手段。

员工持股计划的五大基本理念

对于员工持股计划我总结了五句话。

第一，它是一场静悄悄的革命。我们读马克思的《资本论》就会知道，《资本论》为资本主义敲响了警钟，提出无产阶级是资产阶级的掘墓人。资产阶级也是有智慧的，他们经过深入的思考，提出了自己的解决方案，无产阶级既然是我们的掘墓人，那我们就要消灭掘墓人，怎么消灭？实施员工持股计划，把无产阶级变成资产阶级，最后无产阶级没了，就没有人为资产阶级敲丧钟，就这样，一个新的社会机制诞生了。从这个角度讲，顶层设计很重要。员工持股计划实际是把无产阶级转化为资产阶级，最后形成了庞大的中产阶级，发达国家基本上已经没有无产阶级了，过去我们认为资产阶级是保守的，这是一个错误的判断，资产阶级最富有创新精神，美国社会的动力来源于中产阶级，中产阶级也是最稳定的阶层，这是一场静静的革命。

第二，它是金色的梦。现在我们生活很贫困，不得已，但是我们要有梦，如果没有梦，就会破罐子破摔。所以今天不美好不要紧，我们向往未来，如果未来还不能带来什么，那活着就没什么劲。

第三，它是金饭碗。员工持股计划是一个金饭碗，意味着这个工作对员工很重要，它能给员工带来个人价值，也能给员工带来巨大的利益回报，这样员工才会珍惜工作。现在一些小企业，一个月给1000元工资，你哪敢加强管理，你不管他都想走，你一个月给他1万元，带来的变化就不一样，这就是金饭碗。

第四个叫金手铐，指留人的手段。在我们人力资源中有各种留人的招，感情留人（这是最虚的），个人和组织的关系（就那么回事），氛围留人……比如深圳一个区的离婚率和结婚率比较，离婚率超过了结婚率，两个人恩恩爱爱，山盟海誓，海枯石烂，有法律做保证，还有各种责任，这样都可以轻松地离开，何况企业和员工这种脆弱的情感关系。在高科技企业里，留人主要靠的是金手铐。

第五是金色的握手。就是两个利益主体整合在一起形成一个利益主体，也就是我们讲的利益共同体。

这四个“金”中，第二个（金色的梦）和第三个（金饭碗）是激励，第四个（金手铐）和第五个（金色的握手）是约束。员工持股计划内含激励和约束的机制，它不仅仅是激励，还有约束，相互握手是一种承诺，是一种诚信，是一种约束。从人力资源的角度看，我们去理解员工持股计划，不仅是激励更是约束。

相关链接

看任正非是如何把员工持股计划用到极致

“华为的成功归根到底是因为华为能吸引、凝聚、用好人才！”曾在华为工作7年的张利华在其《华为研发》一书中如是评判华为的成功秘籍。她认为，任正非用员工持股（早期叫内部股票），将所有人才的“钱程”都和华为的发展捆绑在一起，“一荣俱荣，一损俱损”。

《华为研发》

华为公司内部股权计划始于1990年，完全是基于任正非本人的分享意愿。至今，这种独特的员工持股激励政策为国内诸多企业所关注。

《华为研发》一书透露，1995年6月，时任国家科技系统领导人的宋健访问华为。他对任正非说：“人是非常重要的，你们很团结。”任正非说：“我们1000多人都很团结。”宋健说：“这就是政治，企业是应该由政治家来领导的。”

宋健的总结非常精到。的确，中国从来都不缺少优秀的知识分子，但缺少有效把他们组织起来去实现一番事业的“政治家”。华为能从6个人走到今天成为拥有10多万全球员工、年营收近4000亿元的民营跨国巨头，其中一个重要原因是任正非具有如政治家般广阔的胸襟和整合人才资源的能力。他建立了一种让所有参与企业建设的知识分子共享企业发展成果的激励机制，有效地把知识分子的积极性调动了起来。

员工持股计划目的何在？简言之，一是奖励为股东创造价值的人；二是使股东的利益与员工的利益紧密结合，而不是在企业内部形成不同的利益集团和利益群体；三是让员工分担公司风险；四是让员工分享公司的成功。

《华为基本法》相关内容阐释了华为员工持股计划的宗旨：“华为主张使顾客、员工与合作者结成利益共同体。努力探索按生产要素分配的内部动力机制。

我们坚决不让雷锋吃亏，奉献者定当得到合理的回报。以客户为核心，以奋斗者为本，长期坚持艰苦奋斗。我们是用转化资本这种形式，使劳动、知识以及企业家的管理和风险的积累贡献得到体现和报偿：利用股权的安排，形成公司的中坚力量和保持对公司的有效控制，使公司可持续成长；知识资本化与适应技术和社会变化的有活力的产权制度，是我们不断努力探索的方向；我们实行员工持股制度。一方面，普惠认同华为的模范员工，结成公司与员工的利益与命运共同体。另一方面，将不断地使最有责任心与才能的人进入公司的中坚层；我们实行按劳分配与按资分配相结合的分配方式……”

华为员工持股计划其实也是摸着石头过河，与顶层设计相结合，一步一步走过来的，大致可分为三个阶段。

1990年：探索阶段。基于任正非的分享意愿，是一种潜意识的，自发形成的，朴素的员工持股计划。当时没有想到制度设计，也不是学哪一个企业做员工持股计划。

1997年：规范阶段。基本特征是工会代持。

2001年：重新设计。虚拟饱和受限股，创始人与工会共持。借鉴了国外员工持股计划的理念和实践，是华为的员工持股计划的第一次顶层设计。到了2001年，华为才真正实现能够进入员工持股计划系列的虚拟受限股，也就是说今天的华为员工持股计划是从2001年开始的。它有几个关键词，第一它是虚拟的；第二华为的员工持股计划是饱和的，按照职位评价，职位等级设定了上限；第三是受限股，不交易、不转让、不继承。

2014年3月4日，英国金融时报中文网的一篇文章曾披露华为员工的持股情况：华为根据1997年制订的《员工持股计划（ESOP）》授予高绩效员工股票，按照该员工的工作水平和对公司的贡献决定其获得的股份数。华为员工是通过“工会”持股。绝大多数员工的持股量为数万股（工作3年的14级员工），而极少一部分人的持股量达到了数百万股。到2012年12月31日为止，华为投资控股有限公司工会委员会的持股比例为98.82%，任正非出资比例为1.18%，参与员工持股计划出资占公司总股本的0.21%，两项累计，任正非在华为的总持股比例接近1.4%。每个目前受雇于华为的持股员工都有权选举和被选举为股东代表，选举为每5年一次。持股员工会选出51人作为代表，再从51名代表中选出华为17人董事

会的成员以及监事会成员。2013年，华为公司99%的股票由80000名员工持有（当时华为约有150000名员工），这一数字在2011年12月为65596名，2012年12月为74300名。华为公司股票2013年的定价为每股5.42元人民币。2010年每股分红2.98元，2011年为1.46元。

据《华为研发》一书透露，员工可持股份额是依据“才能、责任、贡献、工作态度、风险承诺”等几项指标确定的。《华为研发》的作者张利华表示，员工持股计划的核心是让员工将个人身家和前途注入公司。华为的前台、秘书、司机等基层员工也因此项计划而拥有华为虚拟股，这样带来的结果是，华为拥有最敬业和素质最高的秘书、司机等基层员工。华为员工持股计划与国内许多公司“老板发财，基层员工清贫、人才不断流失”的情形形成鲜明对照。张利华认为，这种将个人与公司捆绑的全员持股使华为能快速集聚人才实现高速增长，非常值得大部分中小企业借鉴。

华为员工持股计划令员工（包括任正非本人）在分得年终奖后，不仅需要全部投入用来购买分得的股票指标，甚至还需要贷一部分款，才够买下分得的全部股票指标。所以，其效果正如张利华在《华为研发》中透露的：如果不离开华为，人才其实一直在欠华为的钱，或者倒贴给华为辛苦赚来的工资，如果一旦华为停止成长或关门，所有员工投入华为的钱会血本无归。华为就是采取这种利益捆绑方式将人才紧紧拴在公司的大船上，将人才导向公司的整体利益和发展。

华为的这种员工持股做法常被外界解读为内部融资，更有人认为这种方式类似庞氏骗局。作为一名曾经从华为贷款购买过华为内部股票和虚拟股期权的前华为人，张利华认为，华为虚拟股票制度是让员工能分析企业发展利益的管理创新，而不是所谓的庞氏骗局。其分析可参见《华为研发》第二版。

张利华以亲自经历透露，华为员工若离职，华为公司会在离职手续办完的3个月内，将股票折算的总现值，汇入离职员工指定账号。

“期待中国发展出更多像任正非一样以‘提升员工收入，创造中国最多中产阶层员工’为己任的卓越企业家。”张利华说。

华为公司的成功激励着创业刚过2年的2026互联网温控。2016年年初，2026互联网温控创始人廖炯在公司施行全员持股计划。每位在册正式员工依据岗位、工作时长、能力、责任、贡献、工作态度等获得了不同额度的配股。廖炯表示，

2026互联网温控将全盘接受“以客户为中心，以奋斗者为本，长期艰苦奋斗”的华为核心文化，抓住暖通产业“互联网+”升级的历史机遇，和整个产业链一起，共同为全球市场提供面向智能家居时代的互联网温控系列产品与解决方案，让小康家庭率先过上舒适与环保节能兼顾的幸福生活！

【拓展阅读】上市

上　市

1．上市的含义

上市即首次公开募股，英文名称为Initial Public Offerings（IPO），指企业通过证券交易所首次公开向投资者增发股票，以期募集用于企业发展的资金的过程。当大量投资者认购新股时，需要以抽签形式分配股票，又称为抽新股，认购的投资者期望可以用高于认购价的价格售出。在中国环境下，上市分为中国公司在中国境外上市或在上海、深圳证券交易所上市（A股或B股）、中国公司直接到境外证券交易所（比如纽约证券交易所、纳斯达克证券交易所、伦敦证券交易所等）（H股）以及中国公司间接通过在海外设立离岸公司并以该离岸公司的名义在境外证券交易所上市（红筹股）三种方式。

2．上市条件

根据《中华人民共和国证券法》（2006版）：

第四十八条　申请证券上市交易，应当向证券交易所提出申请，由证券交易所依法审核同意，并由双方签订上市协议。证券交易所根据国务院授权的部门的决定安排政府债券上市交易。

第四十九条　申请股票、可转换为股票的公司债券或者法律、行政法规规定实行保荐制度的其他证券上市交易，应当聘请具有保荐资格的机构担任保荐人。本法第十一条第二款、第三款的规定适用于上市保荐人。

第五十条　股份有限公司申请股票上市，应当符合下列条件：

（1）股票经国务院证券监督管理机构核准已公开发行；

（2）公司股本总额不少于人民币三千万元；

（3）公开发行的股份达到公司股份总数的百分之二十五以上；公司股本总额超过人民币四亿元的，公开发行股份的比例为百分之十以上；

（4）公司三年无重大违法行为，无虚假记载。证券交易所可以规定高于前款规定的上市条件，并报国务院证券监督管理机构批准。

第五十一条　国家鼓励符合产业政策并符合上市条件的公司股票上市交易。

第五十二条　申请股票上市交易，应当向证券交易所报送下列文件：

（1）上市报告书；

（2）申请股票上市的股东大会决议；

（3）公司章程；

（4）公司营业执照；

（5）财务会计报告；

（6）法律意见书和上市保荐书；

（7）一次的招股说明书；

（8）证券交易所上市规则规定的其他文件。

第五十三条　股票上市交易申请经证券交易所审核同意后，签订上市协议的公司应当在规定的期限内公告股票上市的有关文件，并将该文件置备于指定场所供公众查阅。

第五十四条　签订上市协议的公司除公告前条规定的文件外，还应当公告下列事项：

（1）股票获准在证券交易所交易的日期；

（2）持有公司股份最多的前十名股东的名单和持股数额；

（3）公司的实际控制人；

（4）董事、监事、高级管理人员的姓名及其持有本公司股票和债券的情况。

第五十五条　上市公司有下列情形之一的，由证券交易所决定暂停其股票上市交易：

（1）公司股本总额、股权分布等发生变化不再具备上市条件；

（2）公司不按照规定公开其财务状况，或者对财务会计报告作虚假记载，可能误导投资者；

（3）公司有重大违法行为；

（4）公司三年连续亏损；

（5）证券交易所上市规则规定的其他情形。

第五十六条　上市公司有下列情形之一的，由证券交易所决定终止其股票上市交易：

（1）公司股本总额、股权分布等发生变化不再具备上市条件，在证券交易所规定的期限内仍不能达到上市条件；

（2）公司不按照规定公开其财务状况，或者对财务会计报告作虚假记载，且拒绝纠正；

（3）公司三年连续亏损，在其后一个年度内未能恢复盈利；

（4）公司解散或者被宣告破产；

（5）证券交易所上市规则规定的其他情形。

第五十七条　公司申请公司债券上市交易，应当符合下列条件：

（1）公司债券的期限为一年以上；

（2）公司债券实际发行额不少于人民币五千万元；

（3）公司申请债券上市时仍符合法定的公司债券发行条件。

第五十八条　申请公司债券上市交易，应当向证券交易所报送下列文件：

（1）上市报告书；

（2）申请公司债券上市的董事会决议；

（3）公司章程；

（4）公司营业执照；

（5）公司债券募集办法；

（6）公司债券的实际发行数额；

（7）证券交易所上市规则规定的其他文件。申请可转换为股票的公司债券上市交易，还应当报送保荐人出具的上市保荐书。

第五十九条　公司债券上市交易申请经证券交易所审核同意后，签订上市协议的公司应当在规定的期限内公告公司债券上市文件及有关文件，并将其申请文件置备于指定场所供公众查阅。

第六十条　公司债券上市交易后，公司有下列情形之一的，由证券交易所决定暂停其公司债券上市交易：

（1）公司有重大违法行为；

（2）公司情况发生重大变化不符合公司债券上市条件；

（3）发行公司债券所募集的资金不按照核准的用途使用；

（4）未按照公司债券募集办法履行义务；

（5）公司最近二年连续亏损。

第六十一条　公司有前条第（1）项、第（4）项所列情形之一经查实后果严重的，或者有前条第（2）项、第（3）项、第（5）项所列情形之一，在限期内未能消除的，由证券交易所决定终止其公司债券上市交易。公司解散或者被宣告破产的，由证券交易所终止其公司债券上市交易。

第六十二条　对证券交易所作出的不予上市、暂停上市、终止上市决定不服的，可以向证券交易所设立的复核机构申请复核。

第二节　任正非如是说

股东是贪婪的

任正非表示：“我们都听过传统经济学中的大量理论，这些理论都宣称股东具备长远视野，他们不会追求短期利益，并且会在未来做出十分合理、有据可循的投资。”但事实上，任正非说，“（公众）股东总是很贪婪，他们希望尽可能快地榨干一家公司的每一滴利润，而拥有这家公司的人则不会那么贪婪。我们之所以能超越同业竞争对手，原因之一就是没有上市。”

华为的长期视角

任正非也表示，华为没有必要通过上市的方式来提供更大的透明度。华为会向其员工授予公司股权，此举被任正非称作是一种长期视角。任正非也解释了华为内部的股权结构，称自己只持有1.4%股份，其余都是由公司员工持股。

任正非认为，这种股权结构是华为能够赶超业界同行的原因之一，“华为的员工也是公司的所有者，因此他们往往会着眼长远，不会急于套现。公司的拥有者并不贪婪，因此华为也能留在所享受的位置。但是，我不可能永远活着，也许有一天华为人也会变得贪婪。”

任正非为何坚持不上市

任正非的言论引起了广泛讨论。对中国很多企业家来说，上市几乎是他们的终极目标。那么任正非为什么坚持不上市，可以总结出几点原因，具体如下图所示。

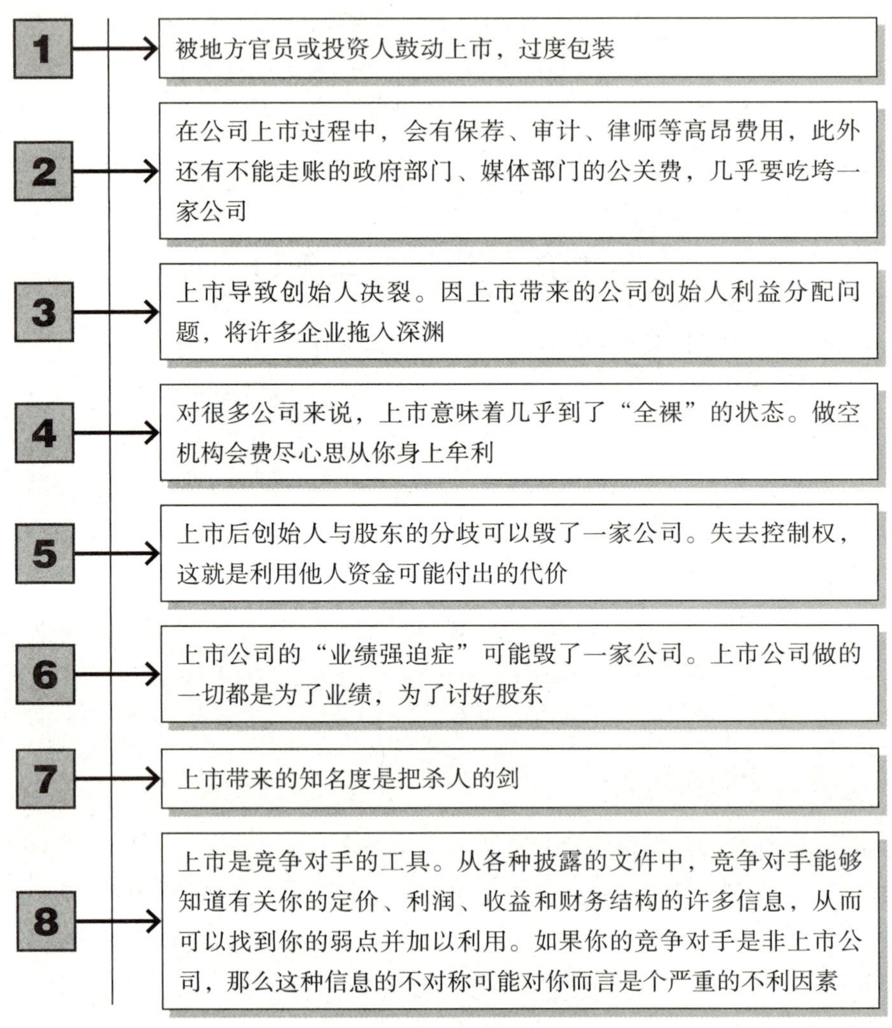

任正非为何坚持不上市

相关链接

盘点十家不屑上市的中国企业

随着“大众创业，万众创新”的春风刮起，无数的公司挤破了头想去交易所敲一回钟，“上市”成了大多数公司心目中衡量成功与否的标准，在国内，尽管A股市场一直低迷，但是目前IPO排队企业仍然接近700家。

但是有一些企业却不跟随大流，对上市不感兴趣，有些甚至表示誓死也不让企业走上市这条“星光大道”，我们就来盘点一下中国不上市的10家大公司。

一、华为

任正非：猪养得太肥了对华为不是好事。

我们都知道，阿里巴巴、百度、腾讯这3家企业号称中国互联网三巨头，这两年去纳斯达克上市、随主席出国访问、参加各种大会，可谓出尽风头，但是其实这3家公司都是受外国资本控制的。而华为不仅是一家百分之百的中国民营企业，还是一家没有上市圈钱的公司，全球已经有超过20亿人每天使用华为的设备通信，即使在4G技术领先的欧洲，华为也有过半的市占率，并已成为全球通信产业龙头。

从营业收入上来看，华为2882亿元，腾讯789亿元，阿里708亿元，百度490.5亿元；华为超过BAT的总和800亿元；从纳税方面来看，华为纳税337亿元，阿里纳税109亿元，百度纳税22亿元，腾讯纳税70多亿元，华为超过BAT的总和130亿元。然而这样一家公司却没有上市，这一切的原因都要从华为的创始人，任正非先生说起。

任正非是唯一一个未上市的世界500强企业的创始人，他只占了华为1.42%的股份，剩下的98.58%的股份由员工持有。任正非是很多员工的精神支柱，很多员工是真心佩服他当初能将一个通信领域的技术难题分解为一个毕业生都可以上手的活。

“猪养得太肥了，连哼哼声都没了。科技企业是靠人才推动的，公司过早上市，就会有一批人变成百万富翁、千万富翁，他们的工作激情就会衰退，这对华为不是好事……员工年纪轻轻太有钱了，会变得懒惰，对他们个人的成长也不会有利。”这是任正非的一句名言。

对于华为为何不上市，任正非在《下一个倒下的会不会是华为》一书中给出了答案：不是技术，亦不是资本，唯有客户才是华为走向持续成功的根本原因。华为要培育亲客户的文化，而非亲资本的文化。

华为创始人任正非之女、该公司首席财务官孟晚舟曾表示：“个人认为，如果华为上市对华为的开放透明肯定是好的，但是华为上市存在天然障碍，中国相关法规规定上市公司最多只能有200个股东，但是华为有超过6万名员工持股。关于上不上市的讨论，近期还没有进入到我们的议程中。”接着，她补充说凭借330亿美元的信贷额度（其中77%来自外资银行），华为不需要筹集更多的资金。

二、顺丰

王卫：办企业的根本目的不是赚钱。

在中国快递行业，顺丰速运近年来无疑让人侧目。行业里有这样一个传闻，“有VC想给王卫融资，但王卫始终不肯出来见面，这个VC就对外开出50万元中介费价码，50万元只为和王卫吃个饭”。包括花旗银行在内的很多美国投资商也在寻找王卫，付给咨询公司的佣金为1000万美元。身为掌管百亿快递王国的顺丰集团总裁王卫很少接受媒体专访，网上也极难找到其照片。少有的几次采访中，当问到为何保持低调作风时，王卫说：“我信佛，我认为，人的成就和本事是没有关系的，成就与福报有关系，所以有钱没有什么了不起的，拥有本事也没有什么了不起，赚到钱只是因缘际会而已。所以我认为，个人事业上的一些成绩不值得渲染。低调一点对于管理企业也有好处，没有员工认得出你来，你才可以深入到基层去了解到最真实的情况。”

然而最近一件事情却让王卫高调了一把，2016年4月17日，一则顺丰快递员遭京牌轿车车主打耳光的视频在网上疯传。

视频内容是，一位顺丰快递员因与轿车车主发生轻微剐蹭被打6个耳光！而且在快递员向其道歉后，车主称“说对不起就完事了”，仍然继续打了快递员2个耳光。

针对视频曝光的内容，顺丰集团总裁王卫在朋友圈发文称，“如果这事不追究到底，我不再配做顺丰总裁！”

王卫微信朋友圈截图

顺丰的官方微博也对快递员被打一事做出回应，并且向网友表示已找到受委屈的小哥，承诺会照顾好他，让人暖心。

顺丰官微截图

随后又发出严正声明，表示已经指派集团高层跟进处理，并且极度发挥霸道总裁的属性为小哥出气：不接受调解，建议追究刑事责任！并且做出承诺：未来也会像保护这位小哥一样，保护所有员工！

为何王卫能如此尊重一线快递员工？

我想是因为他就是从做快递员开始，一点一点做出顺丰的！

在顺丰速运刚刚成立的时候，王卫拿着跟父亲借的10万元将自己的业务开展起来。那时的公司只有一个小小的店面，承接的主要工作就是替企业运送信件。

每天，王卫就和员工们一起，早出晚归，扛着背包拉着箱子穿梭在街上运货。别人70元一件，他40元一件，靠着价格差吸引了大批顾客，把顺丰做大了起来。

如今，顺丰的估值达到了1000亿元，而王卫身价也有300亿元。但曾经背包扛箱子、走街串巷送货的经历，王卫不曾忘记。

对于顺丰有没有上市融资的打算，王卫这样回答：其实这个问题可以回到宗教信仰上来，我认为，做企业的目的不是为了赚钱，我是想做成一个平台，通过这个平台我可以实现我的价值和理想。

“上市的好处无非是圈钱，获得发展企业所需的资金。顺丰也缺钱，但是顺丰不能为了钱而上市。上市后，企业就变成一个赚钱的机器，每天股价的变动都牵动着企业的神经，对企业管理层的管理是不利的。我做企业，是想让企业长期地发展，让一批人得到有尊严的生活。上市的话，环境将不一样了，你要为股民负责，你要保证股票不断上涨，利润将成为企业存在的唯一目的。这样，企业将变得很浮躁，和当今社会一样浮躁。

“做企业应该踏踏实实的，真正想做好企业，不一定要上市，要做基业长青的企业，就要有远景，要为未来进行大胆的投入、大量的投入。成为上市公司后，你的每一笔投入，都要向股民交代，说服他们这笔投入是有利可图的，是可以在短期内获得利润的，要有业绩出来，这个我恐怕做不到，我真的没有办法保证对未来的战略性投入可以有立竿见影的效果，更不能保证我不会失败，这也违背了我做企业的精神。

“所以，作为企业的老板，你一定要知道你为了什么而上市。否则，就会陷入佛语说的‘背心关法，为法所困’，可以说，顺丰在短期内不可能上市，未来也不会为了上市而上市，为了圈钱而上市。”

三、娃哈哈

宗庆后：娃哈哈不缺钱，目前没有上市计划。

“有的人怕被评上首富，评上就被盯牢，接着可能就坐牢去了。我的钱没偷没抢，是一分一厘赚出来的，我不怕，评上评不上我都心安理得。”2012年，再次身披首富光环的宗庆后显得淡定自若，在他看来所谓的首富不过只是虚名一个，什么也带不来，什么也带不走。

由于出身不好，从1963—1978年，宗庆后先在农场打工，后来又到茶厂种茶、割稻、喂猪，33岁才回到家乡杭州，顶替母亲进纸箱厂做供销员，跑遍了穷乡僻壤。他直到42岁才开始创业，从蹬三轮车卖冰棍干起。那时谁也不会想到，20多年后这位中年男人会成为家喻户晓的中国首富。

有媒体记者问娃哈哈集团公司董事长兼总经理宗庆后：作为中国最优秀的企业之一，娃哈哈目前有没有海外并购的计划，是否准备上市？

宗庆后回答道：娃哈哈不缺钱，目前还没有上市的计划。宗庆后认为，上市融资要对股民有个交代，要给股东比较好的回报才行。而上市会稀释股份，员工回报将变少。

宗庆后同时也坦诚，娃哈哈目前为止还没有海外并购的打算。在谈到海外并购时，宗庆后表示，他不赞成“抄底”的说法，他认为应该是积极稳妥地走出去并购。而海外并购首先要挖掘人才和技术。但目前我国企业要走出去还是有障碍，需要因地制宜，需要驻外使馆等部门的帮助。

四、小米

雷军：小米5年内不上市。

2014年雷军在首届世界互联网大会的分论坛上信誓旦旦地表示“小米在未来5年内没有上市计划”，而在2014年年底进行的第五轮融资中，小米凭借450亿美元的估值融得11亿美元，这一估值已经达到世界顶尖科技公司的级别，如果从这个角度来看，此时应是进行IPO的黄金期，但小米的相关负责人却再次出面辟谣称“我们压根儿就没打算上市”。

在雷军的运筹帷幄下，小米已经将触角伸向了多个领域，包括地图、影视、智能家居、互联网金融、移动安全、新媒体、电商、手游等，有着天使投资人背景的雷军到处跑马圈地，更是雄心勃勃地表示计划在未来的5年时间中投资100家公司来复制小米模式，一副打造小米帝国的架势。

如雷军所言——小米并不缺钱，那么小米还真没有上市的必要，这样不仅能够让他继续潜心布局小米生态，同时也拥有足够的时间和精力来应对专利问题和竞争对手的挑战。

五、老干妈

陶华碧：坚决不上市，那是骗人家的钱。

宅男“女神”、老干妈创始人——陶华碧仅仅出售辣酱的这家公司年产值达33.7亿元、纳税4.3亿元，令人惊叹。作为一个草根创业的民营企业家，她不识字、没有任何财务知识、不知现代企业为何物。

除了用最传统的道德观念和亲情管理维系着一个数千人的庞大企业外，陶华碧更令人赞叹的一点，是她与所有政府官员，始终保持着不是很远却相当明显的距离。陶华碧给自己筑起了一道永久的保护墙：踏实经营，不偷税、不贷款、不欠钱、不控股、不上市。

之前曾有一些政府领导告诉陶华碧，他们可以帮助老干妈公司借壳上市，融资扩大公司规模。陶华碧一口否决，她回答：“什么上市、融资这些鬼名堂，我对这些是懵的，我只晓得炒辣椒，我只干我会的。

我坚决不上市，一上市就可能倾家荡产。上市那是欺骗人家的钱，有钱你就拿，把钱圈了，喊他来入股，到时候把钱吸走了，我来还债，我才不干呢。所以一有政府人员跟我谈上市，我就跟他说：谈都不要谈！免谈！你问我要钱，我没有，要命一条。”

六、立白集团

董事长陈凯旋：立白不缺知名度。

从一名工地上的建筑工到中国富豪榜上的常客，陈凯旋用近20年时间打造了声名显赫的大日化帝国，如今的立白集团年销售额已经超过150亿元，每年向国家上缴税收超10亿元。陈凯旋的逐梦过程，正是“中国梦”的生动注解。

“上市的目的一般来说有两个：一是提高知名度，二是融资。”立白集团副总裁、首席新闻发言人许晓东曾坦言：“而这两点我们暂时都不需要。我们现在天天打广告，也算是家喻户晓的品牌了；至于资金，我们是业内第一家款到发货、打破行业三角债的企业，所以资金很顺畅。”

“我还要继续拼搏，永远创业。我每天六点半起床，工作十多个小时，除了睡觉其余时间都在工作，就连走路时头脑还在想事情。做企业压力非常大，必须全力以赴。要么不做，要做就要聚精会神，否则企业就会出事。”陈凯旋曾表示。

在陈凯旋看来，如果只为自己，钱已经花不完。但企业做大了就要为公，为员工、为客户、为消费者、为国家和民族。要把立白打造成国际公司，把立白产品卖到全世界，让外国人以买立白产品为时尚，实现“健康幸福每一家”的梦想。

七、方太集团

茅忠群：做高端最重要的是要耐得住寂寞。

创业18年，方太仍然是一个家族企业，一个不愿做500强，而要坚持做500年的家族企业。对于经营理念，创始人茅忠群有三个前提：一要把企业搬到大工业区；二不用亲戚；三涉及方太重要决策，茅忠群说了算。

每当有投资公司找上门来，方太集团总裁茅忠群都会一一回绝掉，茅忠群始终坚持着“三不”原则——不上市、不打价格战、不欺骗。他说：“做高端最重要的是要耐得住寂寞，你不能看着人家中低端市场大就眼红。我们也从来不给别人贴牌，因为我们不是定位为‘世界工厂’，方太要打造的是品牌。”

八、滴滴出行

程维：不该赚钱的时候赚钱是灾难。

据国外媒体报道称，滴滴已将融资目标提高到15亿美元以上，以融资交易计算，资本市场对滴滴的估值远超200亿美元。

滴滴的CEO程维表示，烧钱是整个O2O行业的发展趋势，通过资本支持可以迅速抓住行业机会，但滴滴希望自己是技术驱动服务的公司，规模更大，服务更好。随着技术的深度积累，前端服务控制能力将是滴滴核心竞争力。

“现在公司才成立第三年，很多大公司刚开始都没有赚钱，现在还不是赚钱的时候，团队有危机感，现在是滴滴不断孕育、布局业务的阶段，专车和业务都还在成长中。”程维认为，现在行业竞争更激烈，不该赚钱的时候赚钱是灾难。

九、vivo

沈炜：只想本本分分做手机。

在科技领域，很少公司会如vivo一般低调：这家公司没有高估值，不融资，也不求上市，反而是时时把“本分”挂在嘴边。它的创始人兼CEO沈炜表示，vivo不会因为某个产品有市场需求就去做，只想本本分分做好手机，成为一个个性鲜明且与众不同的品牌。

在沈炜看来，在这个躁动的年代，坚持、踏实、本分显得弥足珍贵。所以，vivo不设定严格的KPI考核制度，每年沈炜虽然都会下达指标，但“说了就说了，从来不考核”。不仅如此，对于各地的区域渠道主管，沈炜也很少交代具体业务。

但是在企业文化的问题上，沈炜从不姑息。早期，当MP3刚流行时，一些机型因内置MP3播放器而迅速走红。因此，vivo的一个产品经理便将铃声播放的功能命名为“媒体播放器”，沈炜知道后大骂这名产品经理：“这个东西很容易被消费者误解为MP3播放器，对营销有帮助，但实际上不是MP3播放器，只是铃声播放器。做人做事要本本分分，该怎么样就怎么样，不要夸大其词。”

十、李锦记

李惠民：发展不一定要靠上市。

有着“亚洲第一食品品牌”之称的百年老字号李锦记集团的蚝油在美国已经占到了88%的市场份额，在日本的占有率排在第二位。在欧洲、东南亚，甚至在地图上都很难找到的一些岛国，都有李锦记的蚝油、酱油等产品在销售，其200多种产品遍布世界80多个国家，而其独资子公司——无限极（中国）有限公司正在新时期里续写着这个百年老店新的历史。

李锦记纵横江湖已达100多年，有李锦记时，远还没有香港联交所，但为什么至今业绩优良的李锦记尚未迈出上市的步伐呢？李惠民说：“我们一直觉得上市应该是出于有资金的需求，才会做出这个决定。从我们李锦记的发展情况来看，资金上现阶段还没有融资的需要，那我们为什么要上市？”

真正从企业的发展需求来决定是否需要上市，而不是像相当多企业那样为了上市而赶风潮上市，由此也许可以看出李锦记脚踏实地地延续着“可以知足，不能满足”的理念。相比之下，国内那些天天算计着如何夸大业绩、只想上市圈钱、融资胃口永难满足的企业家们真该好好反思一下。

相关链接》》

任正非：华为不上市就可能称霸世界

“不上市，就可能称霸世界！”任正非私底下这么说。这句话至少包含三层意思。

一、团队的战斗精神

过多的“馅饼”会腐蚀一个人、一个组织的活力，会败坏团队的“精气神”，这是最可怕的“肌体坏死症”。

不上市，有国际业界标准的薪酬待遇，每年还有可观的奖金和相对稳定的分红，“既对团队有利益的吸引，同时又可令其保持斗志”，这一点至少在华为实现了成功的平衡。

二、决策的可控性

以华为如此分散的股权结构，任何一家资本投资者都可轻而易举地形成相对控制权。但当以逐利为本性的金融资本左右华为的发展格局时，华为就离垮台不远了。

三、华为人的目标追求

华为能走到今天，并超越一些西方巨头，成为一家极具竞争力的国际公司，就是因为华为总是“谋定而图远”，以10年为目标来规划公司的未来，而不像其他业界同行，总是被资本市场的短期波动牵着鼻子走。

资本是最没有温度的动物，也是最没有耐心的魔兽。举例而言，当摩托罗拉投资50亿美元的铱星计划失败后，资本市场用脚投票，摩托罗拉从此走向了衰败；而华为曾经在3G产品上投资接近60亿元人民币，很长时期颗粒无收（或者“狸猫换太子”，把3G产品当2G卖），任正非又力排众议，不允许研发“小灵通”产品……

假使此时华为是上市公司，资本大鳄们将有何举措？结论是不言自明的，也许任正非早就下台了，也许华为早就衰亡了……

有学者颇具洞见地表示（任正非有时也认为）：“如果华为的西方同行中有一家不是上市公司，就不会有华为的今天……很简单，中国在短期内出不了美国那样的商业战略家，但这些伟大的美国战略家必须屈从于资本的意志……”

华为何时会上市？任正非在2013年4月的股东代表大会上和2014年的两次记者见面会上，多次重申：在今后的5～8年，甚至更长时间内，华为不会考虑上市，也不会进行任何的资本运营，包括收购与兼并，等等。

第五章 华为，合作共赢之路

导言：

华为的渠道生态欣欣向荣，目前中国区合作伙伴已超过4000家，贡献收入超过80%。国内三大电信运营商均与华为合作，充分融合运营商的机房、网络、企业客户资源和华为解决方案的优势，实现共赢。

第一节　华为与国内企业的合作

华为+中国移动

5G技术领域战略合作

2015年7月16日，华为与中国移动研究院在北京正式签署5G关键技术联合研究谅解备忘录（MOU）。作为全球移动通信运营与产品解决方案供应领域的领先企业代表，双方期望发挥各自优势，共同开展面向5G的关键技术联合研究，为5G的后续产业化奠定技术基础。

双方在签订合作备忘录后，将共同开展5G关键技术的方案研究、性能评估及样机验证，为5G的标准化和产业化做好准备。中国移动研究院副院长黄宇红表示，中国移动与华为的合作早在2G时代就已开始，中国移动与华为在新技术研发和标准化上有着长期的紧密合作。本次5G关键技术合作协议的签署只是一个开始，双方接下来会在联合技术研究、内外场验证上加大合作广度与力度，共同推进5G的产业化。

全联接的重要手段

华为2012实验室通信技术实验室主任王丙福表示："与产业合作伙伴共建一个更美好的全联接世界是华为的宏伟愿景，而5G将是实现这一愿景的重要手

段。同时我们也清楚地意识到，仅凭少数企业的力量是无法快速推动5G商用进程的。为此，我们决定与我们的长期合作伙伴中国移动一起将合作领域延伸到5G，与中国移动这个全球移动通信领域领跑者的合作能帮助我们准确地把握未来趋势，实现双方的互惠共赢。”

华为的5G研究

华为从2009年启动5G研究以来，对内坚持持续创新，对外展开全球合作。目前在5G全频谱接入、新空口技术、云化网络架构以及新射频技术等领域的创新研究已取得重大突破，积累了丰富的实验室测试经验，具备强大的快速外场验证能力。在全球合作上，华为通过与中国移动、日本DoCoMo、沃达丰、德国电信等多家业界顶级运营商的5G战略合作，联合产业阵营众多合作伙伴构筑5G生态系统，共同推动5G产业前行。

【拓展阅读】5G网络

5G网络

5G网络作为第五代移动通信网络，其最高理论传输速度可达每秒数十Gb，这比4G网络的传输速度快数百倍，整部超高画质电影可在1秒之内下载完成。

5G网络的主要目标是让终端用户始终处于联网状态。5G网络将来支持的设备远远不止是智能手机——它还要支持智能手表、健身腕带、智能家庭设备如鸟巢式室内恒温器等。5G网络是指下一代无线网络。5G网络将是4G网络的真正升级版，它的基本要求并不同于今天的无线网络。

随着全息直播、无人驾驶、超高清视频等业务应用的逐步引入，5G正成为产业界关注的焦点。与4G相比，5G将在系统容量、终端速率、时延、业务承载能力等多个方面实现大幅提升，并构建以用户为中心的无线超宽带网络。5G潜在候选关键技术包括新型多址技术、3D-MIMO技术、新型调制技术、新型编解码技术、全双工技术、新型空口帧结构和协议设计等，能有效提升网络的效率，满足5G时代的业务需求。

相关链接 》》

华为亮相中国移动全球合作伙伴大会　全方位支持中国移动4G+战略

以“和移动助力互联网+”为主题的2015年中国移动全球合作伙伴大会于2015年12月14日在广州召开，本次大会旨在体现互联网+浪潮中中国移动对全社会的创新创业支撑，全景式展现中国移动面向互联网+改革驱动的成果。中国移动集团及各省公司高层，中国移动在芯片、终端、网络、业务等领域的主要合作伙伴高层悉数出席，同时还有大量中国移动重点政企客户高层、政府官员、媒体人士等出席，数千位专业人士参与了本次活动，堪称中国通信业岁末最有影响力的一次盛会。

华为全面参与中国移动全球合作伙伴大会

作为端到端解决方案领域的战略合作伙伴，华为全面参与本次盛会活动，在主会场（琶洲保利世贸博览馆）6号馆，华为终端、荣耀双双亮相，除Mate8、华为Watch等最新旗舰终端外，还展示了安全加密、移动医疗、移动金融等多个领域的行业应用解决方案。另外在5号馆及6号馆，华为与中国移动研究院及终端公司合作，支撑两类4G+主题相关的亮点业务展示。

研究院展位：3D-MIMO实物展示，同时通过视频展示上海移动现网密集城区场景3D-MIMO部署及测试验证情况，测试结果表明，小区上下行平均吞吐量分别超过25Mbps和340Mbps，可实现下行16用户空分复用和上行4用户空分复用，提升现网频谱效率2～6倍。此外还进行了载波聚合（结合高阶调制）性能展示，应用下行三载波聚合与256QAM技术，峰值速率可达430Mbps，与64QAM相比可提升30%。

终端公司展位：TD-LTE下行三载波聚合&上行两载波聚合并发的端到端解决方案展示，华为在展位现场搭建了4G+无线网络，通过连接广东移动现网核心网，基于高通、海思、Intel等芯片厂商提供的终端样机，展示最高330Mbps的下行峰值速率，同时实现上行速率成倍提升。

华为全方位支持中国移动4G+战略

自2010年上海世博会为中国移动在世博园部署TD-LTE演示网以来，华为全

力支持中国移动4G发展战略，几年来，在芯片、终端、网络、业务等领域，华为全方位支持中国移动持续领跑中国4G发展浪潮，更将助力中国移动引领4G+时代。

2014年华为海思率先推出支持CAT6的8核智能手机芯片Kirin920，基于此芯片的华为旗舰手机Mate7和荣耀6也成为最早上市的首批支持CAT6的CA手机。截至2015年年底，华为基于海思芯片已推出P8、P8 Max、Mate7、Mate8、MateS、荣耀6、荣耀6 Plus、荣耀7等 8 款CAT6手机。由于对VoLTE业务的良好支持，Mate7一直是前期中国移动VoLTE网络部署、测试验证以及试商用活动期间的主力测试和试商用终端。

最新发布的麒麟950芯片已全面支持载波聚合（CAT6）及VoLTE，2015年12月9日上市的基于麒麟950芯片的Mate8，则成为国内首款通过中国移动系统测试验证的VoLTE高端旗舰新品。2016年，华为手机产品将从高端到中低端普及全面规划载波聚合与VoLTE能力，支持中国移动4G+发展战略。

“提速降费”已成为政府及公众对通信业的重要诉求，作为在4G上力求持续领先的中国移动，其在4G上的发展思路可以用“更广、更深、更厚、更快、更优”来体现，“更快”即指通过载波聚合等4G+阶段的新技术，实现更大的无线系统容量及更高的用户速率体验。

早在2014年年底，华为就助力深圳移动批量开启下行两载波聚合，截至目前已经规模开启3000多站，市区重点区域基本已实现4G+网络覆盖。目前华为已经配合中国移动在全国90多个城市开启下行两载波聚合商用网络，另外在杭州、上海、济南、东莞、石家庄、深圳、长沙、商丘、兰州、太原、武汉、惠州等城市已完成下行三载波聚合商用验证，在杭州、上海、济南、东莞、石家庄、深圳、苏州、天津、成都、徐州等城市完成了上行两载波聚合商用验证。

当前，华为还与中国移动在多地探索验证4G+网络的持续演进，将引入载波聚合、上行数据压缩、3D-MIMO等新技术，让中国移动的4G网络持续提速。

从中国移动2013年年中提出下一代融合通信战略开始，2年多以来，在VoLTE的战略规划、产业营销推广、方案验证以及商用网络部署过程中，华为都作为最关键的产业战略合作伙伴，全面、全力支撑中国移动推进VoLTE商用进程。尤其在巴展、MWC上海展、GTI峰会等重要场合，华为多次配合中国移动展示

VoLTE业务及产业成熟度，极大地提振了产业信心。

到2016年年底前，华为将助力中国移动在浙江、江苏、广东、北京、上海、辽宁、安徽、贵州、山西、河北、陕西、山东等10多个省市推出VoLTE商用、试商用服务。

华为+中国联通

联合推广数据中心方案

2015年5月20日，中国联通与华为公司签署数据中心战略合作协议，并向互联网、金融等行业客户进行了产品推介活动。双方旨在通过协同合作，更好地把握以云平台和IT基础架构为代表的网络发展趋势，快速满足最终客户需求，促进中国联通网络转型、业务创新与服务升级。会上，双方就合作宗旨、合作方向、合作模式等方面达成一致，并进行了签字仪式。

此次战略合作将聚焦于云计算市场、IDC业务、云计算业务等领域开展战略合作，结成战略合作伙伴。针对数据中心建设进行定制化合作，对外构建差异化竞争优势，树立联通数据中心品牌。针对NFV/SDN、DCI网络技术进行联合创新，依托联合创新实验室共同开发和实践，构建云平台核心竞争力。双方通过战略合作，实现优势互补合作共赢，共同拓展云计算市场。

联合推广4K视频业务

2016年3月23日，中国联通在山东省济南市召开提速降费工作推进会暨4K产业联盟成立仪式。会上，中国联通与华为公司签署4K视频战略合作协议，这

是继2015年3月18日“智慧沃家智造幸福”业务发布暨产业联盟启动仪式上华为与中国联通TV增值业务运营中心平台达成独家合作战略后，中国联通在视频领域又一次与华为签署的战略性合作协议。

此次战略合作将聚焦于4K视频市场，针对基础网络建设、内容使能平台及分发平台等领域合作，构建差异化竞争优势。双方通过战略合作，实现优势互补合作共赢，共同拓展4K视频市场。

此外，中国联通宣布携手华为等多家产业链领导企业共同打造4K超清产业联盟，该联盟的成立标志着超高清视频时代全面开启，也意味着中国联通在积极落实国家“宽带中国”“提速降费”战略上又迈出了更为扎实的一步。

相关链接

中国联通与华为战略定制机型——华为P9亮相中国

2016年4月15日，华为最新旗舰机型P9亮相上海大舞台。与此同时，中国联通宣布华为P9为中国联通战略定制机型。P9的最大亮点是华为携手德国百年传奇品牌徕卡，将智能手机的拍照功能推向了新的高度。

自华为P系列和Mate系列推出，华为在高端产品路线上可以说是风生水起。华为P8以及华为Mate 8销量不断创下新高，成为畅销的明星机，用户口碑颇佳。而作为华为全新旗舰机型，P9在延续P系列经典特点的同时实现了跨步飞跃。

华为P9最吸引人的亮点无疑是与徕卡联合开发的双摄像头。在手机摄影成为用户最常使用功能的今天，华为选择全球摄影界的传奇先驱品牌徕卡作为合作伙伴，赋予华为P9先进的技术标准和优质的拍照效果，为用户带来更丰富的拍照体验，使用户能轻松拍出经典大片级别的照

华为P9的双摄像头

片。华为P9与徕卡的合作，不仅是二者匠心精神和极致工艺的完美结合，更可以说开创了手机摄影的新体验时代。

自2016年4月7日联通定制版开展0元预约活动以来，预约人数节节攀升，消费者热情高涨。4月16日，线上线下的首销活动同时展开，联通用户们可在中国联通10010官网、华为商城、华为天猫旗舰店等电商平台和联通各大营业厅及手机卖场购买华为P9，第一时间拥有这款外观、拍照、性能俱佳的旗舰机。

据悉，此次联通分别为HUAWEI P9 3GB+32GB版联通定制和HUAWEI P9 4GB+64GB版全网通两个版本配合联通战略定制的策略。

作为将艺术、经典、时尚融为一体的手机，P9在工业设计上也颇具匠心，传承了华为在外观上不断推出创新的传统。简洁优雅的机身，喷砂和雕刻纹理工艺的应用，手机手感和光泽都彰显了P9独特的风格，让手机在和光线的交互中呈现无限丰富的视觉效果。此外，麒麟955处理器的应用也是P9的核心亮点之一，其更优异的运算处理能力带来了更为畅快的手机使用体验。而且作为华为P系列首款支持指纹识别的手机，华为P9支持3D指纹信息识别技术，可以轻松分辨真假指纹。同时，华为与支付宝合作，可支持一指支付功能，在熄屏或锁屏状态下，可直接通过预设指纹识别打开支付宝快捷支付界面，免除烦琐操作，实现一指支付。更智能的人性化操控性能，让P9在外观、拍照等功能的叠加上堪称完美，能获得消费者和运营商的青睐并不意外。

此次合作对于联通和华为来说并非首次，但对用户来说依然具有巨大的吸引力。可以期待，联通强大的市场号召能力和华为突破性创新的P9手机结合，在市场上将会有不俗的表现。

华为+中国电信

云计算及大数据战略合作

2015年8月7日，华为与中国电信集团公司在2015年中国电信云数据中心发展高峰论坛期间，正式签署云计算及大数据战略合作协议。中国电信与华为在云计算及大数据领域已有广泛合作，特别是在IT基础设施层面，本次战略合作

将在现有基础上，加强技术及业务联合创新、新商业模式探索，提升双方互信度，更好地进行优势互补。

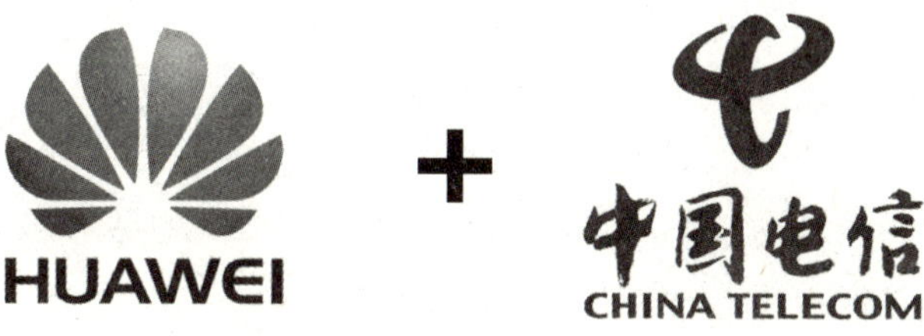

相关链接 》》

从华为和中国电信的组合，看云市场的领跑者的合作

随着华为在云市场的快速崛起，华为已成为中国私有云市场的领跑者。涉足公有云领域，华为选择中国电信作为其强有力的合作伙伴。在刚刚过去的HCC2015上，华为IT云计算产品线总裁任志鹏和中国电信国际有限公司总经理邓小锋表示，会发挥彼此在云市场的领先优势，共同推进全球云市场的发展。

中国电信眼中的华为

据悉，中国电信是国内较早投入云服务研究的运营商。中国电信国际公司在2012年便组建相关技术团队，现已在海外建立了10个具备云计算服务能力的节点， 云资源整体布局已覆盖“丝绸之路经济带”“21世纪海上丝绸之路”沿线的主要城市。中国电信国际公司的云战略布局中，未来还将进一步扩大云服务的地域覆盖范围，为越来越多的“走出去”中资企业提供就近接入的云服务。

中国电信国际有限公司总经理邓小锋表示，华为拥有强大研发能力及创新的ICT产品与解决方案，在云计算方面投入了丰富的资源，而且华为作为国际化公司，对于支撑全球业务的IT建设具备丰富的经验，这是选择和华为合作的一个重要因素。

既是强强联合，更是发展战略的认同

如今，双方均表示将云计算作为未来的重要发展方向，也会在投资、研发上加强彼此的合作，双方风险共担、利益共享。“云市场是一个新兴生意，未来存在了太多不确定性，仅凭一家服务商的努力很难取得成功。在这个过程中，华为跟中国电信合作，就是希望在新的商业机遇的面前有更大的把握，发挥各自的优势，取得目标市场的商业的成功。”

为此，云市场的领跑者不是一人包揽天下地面面俱到，而是可以“有所为，有所不为”。

NFV创新研发合作

2015年9月10日，中国电信集团广州研究院与华为签署NFV网络创新研究合作协议，此合作协议的签署标志着中国电信与华为聚焦于新一代网络体系架构研究，在NFV领域进一步深化合作创新。

【拓展阅读】NFV

NFV

NFV，即网络功能虚拟化，Network Function Virtualization。通过使用x86等通用性硬件以及虚拟化技术，来承载很多功能的软件处理，从而降低网络昂贵的设备成本。NFV可以通过软硬件解耦及功能抽象，使网络设备功能不再依赖于专用硬件，资源可以充分灵活共享，实现新业务的快速开发和部署，并基于实际业务需求进行自动部署、弹性伸缩、故障隔离和自愈等。

相关链接 》

中国电信物联网发展研究中心与华为公司签署物联网战略合作协议

2016年5月16日，中国电信物联网发展研究中心与华为公司签署物联网战略合作协议，此合作协议的签署标志着双方在物联网创新领域建立全方位合作。双

方将借鉴基础通信领域的丰富合作经验，充分发挥各自的专业优势，积极向上下游探索，在商业模式探索、连接管理平台研究、NB IOT试验、开放实验室搭建等多个领域展开深入合作，推进物联网产业的共赢发展。

物联网是新一代信息技术的重要组成部分，也是信息化时代的重要发展阶段。物联网时代的来临不仅能够改善人们的生活，还能给行业带来巨大的创新与变革。据预测，到2025年物理联接数量将达到1000亿个，增长幅度超过10倍，而虚拟联接数量将达到万亿个，增长幅度将达100倍。物理联接与虚拟联接在数量上的爆发性增长将引发质变，引领人类社会走向全联接的世界。

物联网产业链包含芯片、模组、终端、网络、平台、运营、垂直行业等多个领域，强强联手推动生态发展是关键，中国电信与华为公司合作将主要达成三个目标：一是接应国家战略领域，承担企业社会责任，推动中国物联网发展；二是达成双方发展诉求，做大业务规模；三是从技术、市场、服务方面多资源投入，构建产业联盟，带动一批物联网中小企业合作伙伴，形成一个有向心力的生态环境。

2016年，中国电信已将物联网作为公司战略性基础业务，将充分发挥自身在政企及家庭领域的规模优势，聚焦交通/物流/制造/医疗/安防/公共事业等六大重点领域，全面布局物联网，力争3～5年打造全新的市场格局。

华为公司的“1+2+1”物联网战略，即1个物联网平台，有线、无线2种接入，1个LiteOS操作系统，旨在促使ICT技术和行业深度融合，通过物联网技术的不断创新和演进，帮助运营商从传统的B2C模式演进为B2X模式，扩展目标客户到垂直行业，扩大运营商收入来源，实现共赢。

本次合作协议的签署作为中国电信与华为在物联网领域创新合作的战略里程碑，为后续双方长期互惠互利发展奠定了良好的基础，有助于共同打造面向未来的全联接世界。

第二节　华为与国外企业的合作

华为+徕卡

2016年2月25日，华为消费者业务和徕卡相机股份公司宣布建立战略合作关系，将在相机技术领域开展深入合作。全球科技行业领导者华为与摄影界传奇品牌徕卡都有着追求极致的精神，双方的强强携手，将有望通过匠心艺术、精湛工艺以及对技术创新的不懈追求，引领视觉技术的不断革新与前行，彻底改写智能手机摄影格局，为全球消费者带来最新图像处理技术和最高品质的手机摄影体验，开启视觉世界的复兴时代。

未来，华为也将与徕卡在联合技术研发、设计、工艺、用户体验、市场营销和零售渠道上展开更多的合作。

【拓展阅读】徕卡

徕　卡

1．徕卡简介

Leica（徕卡/莱卡）是由一家同名的德国公司生产的照相机的品牌，由徕茨（Leitz）和照相机（camera）的前音节组成。公司的原名为恩斯特·徕茨公

司，目前拆分为3家公司：徕卡相机股份公司、徕卡地理系统股份公司和徕卡微系统有限公司，分别生产照相机、地质勘测设备和显微镜。徕卡品牌由徕卡微系统股份公司持有，并授权另两家公司使用。徕卡相机最初问世于1913年，是世界上最早的35毫米照相机。

2. 徕卡镜头

（1）螺旋镜头。

21毫米：f4 SUPER ANGULON

28毫米：f6.3 HEKTOR

35毫米：f2 SUMMICRON，f2.8 SUMMARON，f3.5 ELMAR，f3.5 SUMMARON

50毫米：f1.5 SUMMARIT，f1.5 SUMMILUX，f2 SUMMITAR，f2 SUMMAR，f2 SUMMICRON，f2.5 HEKTOR，f2.8 ELMAR，f3.5 ELMAR

65毫米：f3.5 ELMAR

73毫米：f1.9 HEKTOR

90毫米：f2 SUMMICRON，f2.8 ELMARIT，f4 ELMAR

105毫米：f6.3 ELMAR

135毫米：f4.5 HEKTOR，f4.5 ELMAR

200毫米：f4 TELYT

280毫米：f4.8 TELYT

400毫米：f5 TELYT，f5.6 TELYT

560毫米：f5.6 TELYT

（2）M镜头。

16-18-21毫米：f4 TRI-ELMAR-M ASPH

18毫米：f3.8 Super Elmar-M ASPH

21毫米：f2.8 ELMARIT-M ASPH，f1.4 SUMMILUX-M ASPH

24毫米：f2.8 ELMARIT-M ASPH，f1.4 SUMMILUX-M ASPH， f3.8 Elmar-M

28毫米：f2 SUMMICRON-M ASPH，f2.8 ELMARIT-M ASPH

35毫米：f1.4 SUMMILUX-M ASPH，f2 SUMMICRON-M ASPH，f2.5 SUMMARIT-M

50毫米：f0.95 NOCTILUX-M，f1.0 NOCTILUX-M，f1.2 NOCTILUX-M，f1.4

SUMMILUX-M，f2 SUMMICRON-M ASPH，f2.5 SUMMARIT-M，f2.8 ELMAR-M

28-35-50毫米：f4 TRI-ELMAR-M ASPH

75毫米：f1.4 SUMMILUX-M，f2 APO SUMMICRON-M ASPH，f2.5 SUMMARIT-M

90毫米：f2 APO SUMMICRON-M ASPH，f2.5 SUMMARIT-M，f2.8 ELMARIT-M，f4 MACRO-ELMAR-M， f2 Summicron-M

135毫米：f3.4 APO-TELYT-M

（3）R镜头。

16毫米：f2.8 FISHEYE-ELMARIT-R

19毫米：f2.8 ELMARIT-R

21毫米：f4.0 SUPER-ANGULON-R

24毫米：f2.8 ELMARIT-R

28毫米：f2.8 ELMARIT-R，f2.8 PC-SUPER-ANGULON-R

35毫米：f1.4 SUMMILUX-R，f2 SUMMICRON-R

50毫米：f1.4 SUMMILUX-R，f2 SUMMICRON-R

60毫米：f2.8 MACRO-ELMARIT-R

80毫米：f1.4 SUMMILUX-R

90毫米：f2 SUMMICRON-R，f2.8 ELMARIT-R

100毫米：f2.8 APO-MACRO-ELMARIT-R

135毫米：f2.8 ELMARIT-R

180毫米：f2 APO-SUMMICRON-R，f2.8 APO-ELMARIT-R， F3.4 APO-TELYT-R

280毫米：f4 APO-TELYT-R，f2.8 APO-TELYT-R MODULE

400毫米：f6.8 TELYT R，f2.8 APO-TELYT-R MODULE，f4 APO-TELYT-R MODULE

500毫米：f8.0 MR-TELYT-R

560毫米：f4 APO-TELYT-R MODULE，f5.6 APO-TELYT-R MODULE

800毫米：f5.6 APO-TELYT-R MODULE

21-35毫米：f3.5-4 VARIO ELMAR R

28-70毫米：f3.5-4.5 VARIO-ELMAR-R

28-90毫米：f2.8-4.5 VARIO ELMARIT-R

35-70毫米：f2.8 VARIO-ELMAR-R

70-180毫米：f2.8 VARIO-APO-ELMARIT-R

80-200毫米：f4 VARIO-EMLAR-R

105-280毫米：f/4.2 VARIO-ELMAR-RD镜头（4/3系统，日本松下造，其他系列皆为德国或加拿大徕卡原厂造）

14-50毫米：f2.8-3.5 VARIO-ELMARIT-D ASPH

14-50毫米：f3.8-5.6 VARIO-ELMAR-D ASPH Mega OIS

14-150毫米：f3.5-5.6 VARIO-ELMAR-D ASPH Mega OIS

25毫米：f1.4 SUMMILUX-D ASPH

（4）S镜头。

35毫米：f2.5 SUMMARIT-S ASPH，f2.5 SUMMARIT-S ASPH CS

70毫米：f2.5 SUMMARIT-S ASPH，f2.5 SUMMARIT-S ASPH CS

120毫米：f2.5 APO-MACRO-SUMMARIT-S ASPH，f2.5 APO-MACRO-SUMMARIT-S ASPH CS

180毫米：f3.5 APO-TELE-ELMAR-S，f3.5 APO-TELE-ELMAR-S CS

华为+英特尔

公有云合作

2015年3月5日，华为与英特尔正式宣布建立战略合作，共同向全球运营商提供公有云解决方案，支持运营商采用创新的技术与解决方案发展公有云商业，为企业提供电信级的优质云服务。

+

合作内容

基于华为IT在计算虚拟化、存储虚拟化、网络虚拟化，以及基于OPENSTACK的云管理软件的深厚积累，以及服务器，存储的持续创新，结合英特尔在芯片、软件与计算领域的全球领导力，双方均认为，电信运营商在提供大规模、无中断的信息服务上拥有丰富经验，并且凭借带宽资源与数据中心的整合优势，可在公有云服务市场上扮演重要的角色。为此，双方将围绕硬件、软件、网络与安全等云服务商关注的焦点开展技术和解决方案上的合作，提供富有竞争力的公有云解决方案，帮助运营商建造云数据中心，把传统数据中心改造成云数据中心，支撑运营商快速部署云业务，提升管理便捷度，有效降低运营商发展公有云服务的TCO。

【拓展阅读】英特尔

英特尔

英特尔是美国一家研制CPU处理器的公司，是全球最大的个人计算机零件和CPU制造商，它成立于1968年，具有46年产品创新和市场领导的历史。1971年，英特尔推出了全球第一个微处理器。微处理器所带来的计算机和互联网革命，改变了整个世界。英特尔在2015年世界500强中排在第182位。

相关链接

英特尔：二合一产品需要华为这样的“颠覆者”

2016年2月22日，华为在MWC开展前一天毫不意外地发布了MateBook这样一款二合一产品，可以看作是手机厂商对于传统PC产业的一次逆袭，这款产品值得注意的一个亮点，就是采用了英特尔全新第六代酷睿M处理器，并提供M3/M5/M7不同规格的型号选择，起步主频达到3.1GHz。

可以说，没有英特尔的鼎力支持，就不可能有华为MateBook，或者说不会让

华为成为手机厂商当中第一个推出二合一本的急先锋。因此英特尔与华为的合作关系，以及英特尔是如何看待处于变革中的PC产业就显得尤为重要。

二合一产品需要华为这样的“颠覆者”

英特尔中国区总经理夏乐蓓非常希望能够有厂商以及产品“重新定义PC”，甚至表示，“叫不叫PC都不重要”，而这种对于变革的迫切心情，在昨天发布的华为MateBook上得到了很大的满足。

夏乐蓓认为华为MateBook并不是之前二合一产品的一个简单升级，反而是一种全新的创新，而这种创新的相当一部分来源是由于华为是以移动通信产品的设计起家的，很多设计灵感是来自于Mate系列手机的，因此会从便携性等方面去满足用户的需求，这也是与传统PC厂商很不同的一个思考出发点，因此华为才有可能打破PC产业固有的疆界，而这也恰恰是英特尔对于计算设备的一种想象。

夏乐蓓认为，PC需要变革，需要打破旧规则，也需要重新定义个人计算，华为是这方面的代表，而二合一产品在PC更新换代的需求浪潮中，起到了推动PC拐点需求的作用。

而对于英特尔来说，经营二合一笔记本已经有数年之久，在夏乐蓓看来，现在已经到了一个拐点了。2015年，二合一产品占全球笔记本出货量的20%～25%，成熟市场更是占到了30%，且增长速度越来越快。而在2016年，会有非常多的老用户有更换PC的需求，对他们来说二合一产品更有吸引力，因此可以说这类产品推动了PC的拐点需求。

她进一步解释说，在二合一产品发展的3年中，有3点改变，第一是形态，早期产品尚处于摸索阶段中，出现了折叠、可插拔，甚至无键盘等的尝试，对于用户需求来说这些都是一种探索；第二是出现了酷睿M处理器，它能够平衡性能与功耗，这代表英特尔的技术也发生了变化；第三是价格的下降，一开始二合一产品比较贵，现在用户则有了更广泛的选择空间，因此今天的二合一产品会更有市场。

英特尔认为，PC、平板和手机是万物互联中终端设备这一环节最初的三大接入设备，未来也会有更多的终端设备加入其中；而在英特尔看来，未来的一大趋势是所有计算设备都是智能的，都具有联接能力，也就是智能设备的互联互通。因此英特尔扮演的角色就是利用技术去支持客户实现愿景，从而提升最终用户的设备使用体验。

为什么是酷睿M处理器？

谈到设计与合作，夏乐蓓分享说，就像之前很多合作开发的产品一样，英特尔与华为双方的工程师也进行了深入的合作，甚至是从MateBook设计之初就开始了，英特尔与华为分享了产品路线图，由于早在一年多以前就开始设计这款产品了，因此具备功耗与性能平衡的酷睿M处理器，成为双方对于这款产品的最终选择。从英特尔这方面来说，酷睿i3/i5/i7是以性能著称的旗舰产品，而酷睿M很好地平衡了性能和功耗，更适合以二合一为代表的轻薄型产品，这也是华为MateBook这款产品之所以搭载这款处理器的根本原因。

英特尔眼中的“中国合伙人”

作为中国区总经理，夏乐蓓对于像华为这样的合作伙伴是很有发言权的，同时可以肯定的是，华为之后会有更多的中国厂商加入到二合一产品的阵营中来，那么以夏乐蓓这个职位，是如何看待“中国合伙人”的呢？

她分析说，“中国合伙人”分三个类别：

第一是像华为这样具备全球国际化水准的厂商，它们对用户理解很深入；

第二是目前规模较小，但发展速度快，有潜能发展成为全球公司的那一类厂商；

第三则是以创业公司为代表厂商，分散在各个层面，创新能量很大，并且很有成长空间。

华为+欧普照明

携手智能家居

2016年4月18日，欧普照明与华为正式签署智能家居战略合作协议，成为华为智能家居首选的照明合作伙伴，共同开启双方战略性跨界合作，用尖端科技打造智慧家庭生态圈的新篇章。欧普照明董事长王耀海、总裁马秀慧和华为消费者业务首席战略官邵洋亲赴现场，共同见证了这一改变未来的重要时刻。

协议公布，欧普将在智能家居照明平台上深入集成华为Hilink协议，双方将

在智能路由与芯片、移动智能终端与智能照明装置互动、云平台对接与数据共享、渠道及市场推广、品牌建设和标准协议等方面形成全方位的合作关系。

合作优势

目前华为消费者业务致力于全场景智能终端服务的布局，并且在网络联接解决方案和技术领域具有强大的优势，而欧普照明作为照明行业标杆，在家居及商用照明领域都拥有领先的技术和深厚的经验，双方合作后将共同构建安全可靠、简单易用、智能互动的智能家居整体解决方案，为消费者提供更好的智能家居生活体验。

合作目的

那么，是什么原因让华为和欧普照明走到了一起呢？

（1）华为要共享的是联接能力，也是其智能家居布局的核心战略，此次与欧普照明合作，不仅能给智能家居注入新活力，也标志着这一战略进入了实质性的一步。尤其是双方均在各自领域具备领先实力，创新科技与照明产品结合将会带动智能家居生态朝着开放、互通互联方向发展，这也将帮助智能家居真正走进消费者。

（2）照明是智能家居中的一环，智能家居照明要活得好，也依赖于整个智能家居的发展。智能家居目前还没找到用户痛点，产业链各方也还多数处在各自为战的状态。但是幸运的是，之前华为已经构建联接了海量终端用户、家庭网络联接设备、Hilink通信协议、操作系统LiteOS和IoT芯片的五大能力，并愿意开放与合作伙伴共享，目前已与美的、创维等60多家企业达成合作，未来还将发布物联网芯片，并与合作伙伴陆续发布多品类、多款Hilink生态的智能单品。如此，才更容易为消费者打造真正的全场景智慧生活，反过来能与智能家居照明互促共长。

（3）从具体合作来看，华为消费者业务与欧普将在智能路由与芯片、移动智能终端与智能照明装置互动、云平台对接与数据共享、渠道及市场推广、品牌建设和标准协议等方面形成全方位的合作关系，双方未来将推出集成了Hilink协议的全系列欧普智慧照明装置，并且都能通过华为手机来控制，包括遥控开关灯，以及远程调节灯光的明暗、色彩等等。数据显示，华为手机已经赶超苹果，成为中国城市最畅销智能机品牌（占24.4%），而欧普家居照明占有率更是名列前茅，这样一看，两者相交，前景可观。

【拓展阅读】欧普照明

欧普照明

中山市欧普照明股份有限公司（简称“欧普照明”）成立于1996年8月，是一家集研发、生产和销售于一体的创新型快速发展的全球化照明企业。现有员工5000多人。产品涵盖家居、商照、电工、光源等领域，主要的产品节能灯、吸顶灯、支架、筒射灯、LED照明等系列产品的国内市场占有率已处于领先地位，同时，欧普自主品牌产品的海外业绩也相当喜人。

华为联手欧普照明打造智慧照明理念

在2015年，华为推出Hilink协议，向智能家居领域发起了强有力的进攻。野心勃勃的华为，一直在增加合作伙伴。这次，因为有共同的野心，华为与欧普照明渐行渐近，并最终走到了一起。

照明+通信，能解决智能家居碎片化问题？

随着科技发展，几乎所有的家居用品都有可能变得“智能”和“联网”，使用更为便捷，智能家居市场也逐渐壮大，然而跑马圈地，各厂商都试图建立自己

的智能家居体系，不可避免地造成市场的碎片化状况。

欧普照明与华为，一个是中国照明行业标杆的整体照明解决方案提供者，一个是全球领先的信息与通信解决方案供应商，共同的智能战略目标让两个品牌走在了一起，也是科技公司与专业照明企业的跨界“联姻”。欧普照明与华为都深刻明白：智能家居产业是一个开放性产业，需要通过合作才能实现智能家居的产业化发展。

毋庸置疑，欧普照明与华为的强强合作，无疑将让摸索中的智能家居行业取得突破性进展，双方结合将会带动智能家居生态朝着开放、互通互联、完善的方向发展，能给智能家居发展注入活力。

如何合作，达成互联互通

根据合作协议，欧普照明将推出集成华为Hilink协议的全系列智慧照明产品，满足客、卧、卫、厨等不同空间不同场景的灯光控制、色彩调节和互联互通需求，未来甚至可以通过华为手机等移动终端直接用语音和手势控制灯的开关，远程调节灯光明暗，等等。

Hilink协议的目标是打造智能设备之间的“普通话”，它致力于解决互联互通协议不一致的问题，与合作伙伴共建各品类控制模型和统一协议标准，让家电之间可以互相对话。而通过本次合作，欧普照明则成了华为智能家居在照明领域的首选合作伙伴。

这也意味着，欧普照明在未来将有可能打破照明行业的发展限制，打破智能家居的碎片化限制，与家里其他娱乐设备产生情景联动，营造出其所致力追求的健康、方便、节能的用户体验。

不仅是跨界转型，还是一种对未来的投资

对于本次与华为的全方位战略合作的意义，欧普照明董事长王耀海先生表达了更为深刻的看法：“进入互联网时代，智能化、互联化成为照明行业的主流；现在，照明不仅仅局限于产品，而是基于产品、为场景服务的信息传输技术。在未来，我们希望欧普的对标公司不仅仅是照明行业，而是像华为一样的电子通信企业，这样一家同样从民营企业起步，发展成为中国标杆的跨国企业。欧普照明会做的、能做的、将要做的有很多，用户将直接受惠于这些体验。”

展望与华为的战略合作，王耀海先生表示智慧照明只是智慧生活的开始，而根据人们在家的活动习惯实现灯光与健康、娱乐、安防等设备的场景化互动才会给消费者带来更大的价值。他同样表示，欧普照明将继续以开放的心态开展对外合作，整合全球优秀的资源，建立对未来负责的团队，欧普照明在为未来投资。

华为消费者业务首席战略官邵洋表示，华为聚焦于做联接，致力于与合作伙伴一起共建各品类控制模型和统一协议标准，逐步完善智能家居的“维基百科”，但并不进入传统家居领域做产品。此次与照明行业的领先品牌欧普照明跨界牵手，强强联合，双方将联袂打造“智慧照明”理念，使“智慧生活”真正走进千家万户。

他还表示，作为一个新兴行业，目前的智能家居行业并没有明确的引导方向，一直处于“用户有痛点、企业有困惑”的状况。

他进一步解释道：“这其中主要有两个核心原因：一方面，智能家居领域目前缺乏统一的标准协议，不同厂商之间的智能单品无法实现互联互通；另一方面，智能家居产业是一个开放性产业，需要通过产业合作来实现智能家居的产业化发展。”

华为+腾讯

签署合作备忘录

2015年2月13日，华为与腾讯公司在深圳华为基地正式签署创新实验室合作备忘录，共同揭牌了华为腾讯NFV产业联合创新实验室，并宣布成立华为MBB开放互联产业基地。此次合作依托双方在各自领域的技术和资源优势，将在技术创新、产品研发、解决方案以及市场营销等多方面加速网络游戏和相关无线应用在移动宽带网络上的创新。

MBB开放互联产业基地

MBB开放互联产业基地在华为使能数字物流的管道战略下，将帮助运营商和互联网业务提供商实现“内容进管道，管道促业务”的双赢发展模式。一方面，内容和应用需要可管理、可控制的网络能力，以实现最佳用户体验；另

一方面，运营商也需要将网络能力开放以实现流量变现。通过电信级的管道能力编排和互联网业务的融合创新，将会持续提升用户体验，不断孵化出新的业务，并有机会重新定义产业合作的新商业模式。

合作内容

在此次成立的华为腾讯NFV产业联合创新实验室中，双方将联合成立核心技术团队，开展一系列研究，包括移动游戏业务洞察、网络体验加速、管道能力开放和使能等领域，并在产品解决方案和技术创新方面进行合作开发、验证和商业部署优化。双方共同验证移动宽带网络如何能更好地保障相关移动游戏等互联网应用的实施和部署，共同探索基于未来网络能力包括5G网络架构的互联网业务新方向，打造端到端多赢的创新商业模式。在刚完成的广东移动现网在线游戏体验优化测试中，腾讯实时对战手机游戏在开启华为网络加速方案后，时延平均降低了一半且稳定可靠，体验提升效果明显。

合作的原因

华为与腾讯的合作源于双方在移动互联网业务发展趋势上的高度共识。

作为具有ICT全行业解决方案能力厂商，华为拥有端到端的移动宽带网络产品和解决方案，以及和全球广泛的运营商合作网络部署的经验；而腾讯游戏也是全球领先的游戏运营和技术服务提供商。双方的互补优势让业界对此次合作充满期待，通过成立华为腾讯NFV联合创新实验室，也共同为其他互联网企业找到融合创新的解决方案。

华为公司产品与解决方案总裁丁耘在签约仪式中表示：“具有持续竞争力与生命力的全联接产业背后，将是以技术融合、行业融合为特征的生态链协作的结果。腾讯在互联网业务领域的深厚积累和华为对电信网络的深刻理解使我们走到一起，相信通过腾讯和华为的合作，我们能够真正开启ICT融合之路，共同推动并实现技术改善业务体验，业务体验推动技术发展，提升用户感知，建立让用户愿意买单的商业正循环。”

“腾讯作为全球领先的网络游戏运营商，致力于给广大用户提供最好的游戏体验。而华为在移动宽带领域的技术和经验，能帮助腾讯提升游戏等互联网用户体验。”腾讯公司高级副总裁马晓轶表示：“通过双方签订合作备忘录，腾讯游戏希望和华为在移动宽带领域进行密切协作，携手为终端用户优化和定制创新解决方案，同时借助最新的移动宽带技术为用户带来更丰富的业务使用体验。”

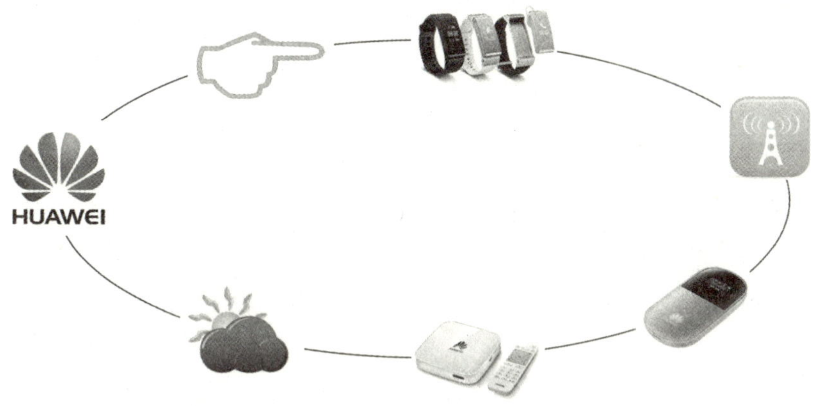

第六章
华为，与大佬的博弈

导言：

1987年，华为创立时的初始投资仅为2.1万元，而到了2013年，华为的营业收入超越瑞典百年企业爱立信，成为全球最大的电信设备制造商。

第一节　华为PK爱立信

华为是从运营商起家的，曾经以运营商设备制造为核心，而在华为刚刚起步时，爱立信在该行业早已遥遥领先。

华为首超爱立信

2014年3月31日，华为公布了经审计的2013年年报。年报显示，2013财年华为实现销售收入2390亿元人民币（约395亿美元），同比增长8.5%，净利润为210亿元人民币（约34.7亿美元），同比增长34.4%。

而从爱立信公布的2013年年报显示，2013年爱立信营业收入为353亿美元，与2012年基本持平，净利润为19亿美元。从营业收入数据来看，2013年华为的销售收入首次超越爱立信，成为全球最大的设备商。

华为轮值CEO徐直军表示："受益于整体向好的全球宏观经济环境和行业环境，及公司战略的有效执行，2013年华为基本实现了预期的经营目标。我们构筑的全球化均衡布局使公司在运营商网络、企业业务和消费者领域均获得了稳定健康的发展，经营性现金流和资产负债率均保持稳定，运营效率持续提升。"

2014年营业收入对比

2014年，华为与爱立信整体营业收入对比如下图所示。

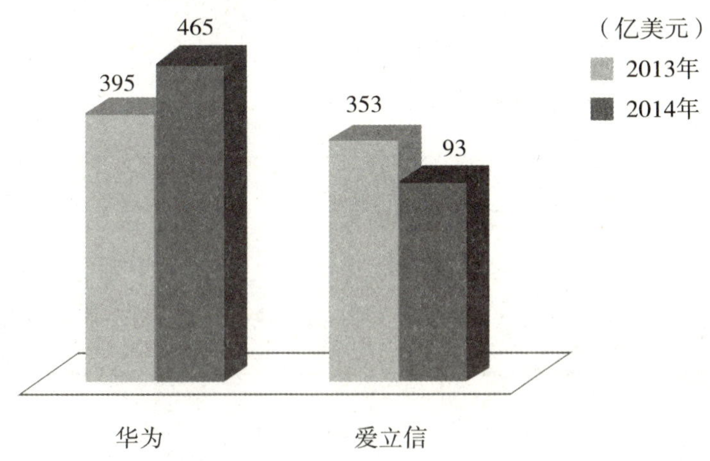

2014年整体营业收入排名对比（亿美元）

华为继2013年实现对爱立信的超越之后，在2014年进一步加大了领先优势，2014年华为与爱立信业务总收入增长率如下图所示。

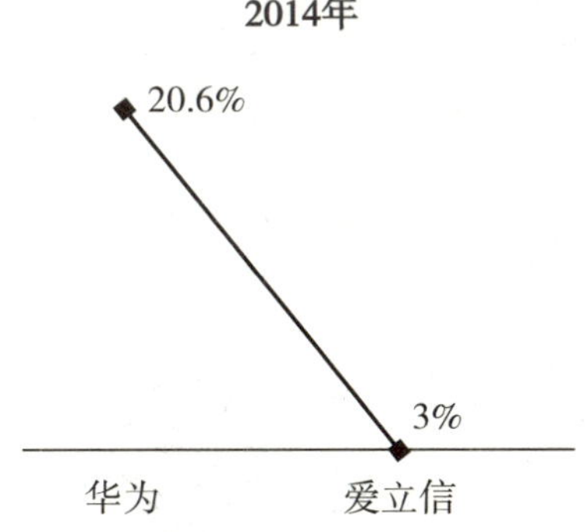

2014年业务总收入增长率对比

业务分布对比

在2014年年初的全球分析师大会上，时任华为轮值首席执行官的徐直军还表示：“外界评价说华为超越爱立信成为第一，我们内部不认可这句话。苹果和萝卜不能一起比，运营商业务上爱立信仍然是老大。”

华为与爱立信业务分布如下表所示。

华为与爱立信业务分布

华　为		爱 立 信	
运营商业务	67%	Networks/Global Service/Support Solutions	100%
消费者业务	26%	—	—
其他	1%	—	—
企业业务	6%	—	—

2014年运营商业务对比

进一步细化到业务架构上，竞争最激烈的重合市场主要集中在与运营商业务相关的网络设备和服务领域。2014年华为与爱立信运营商业务收入对比如下图所示。

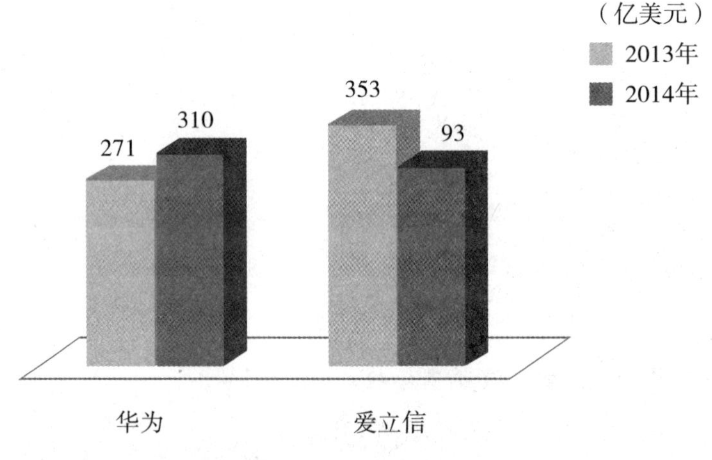

运营商业务收入对比（亿美元）

运营商业务的年增长率的对比如下页图所示。

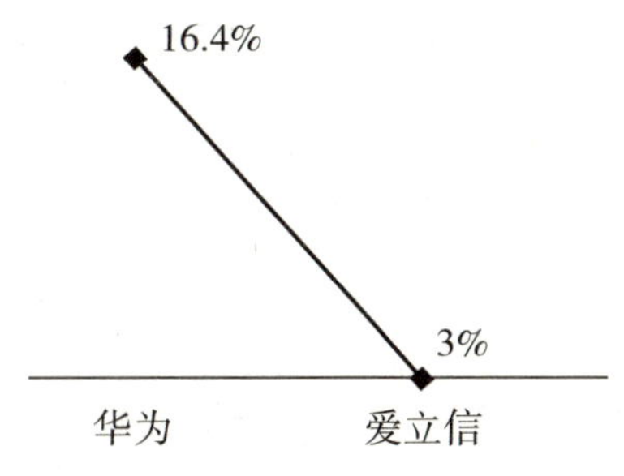

运营商业务年增长率

而在中国区的运营商业务上，华为与爱立信的对比如下图所示。

中国区运营商业务对比（亿美元）

2015年营业收入对比

2015年华为电信网络业务年收入达到358亿美元；爱立信收入为2469亿瑞典克朗（约303.6亿美元）。

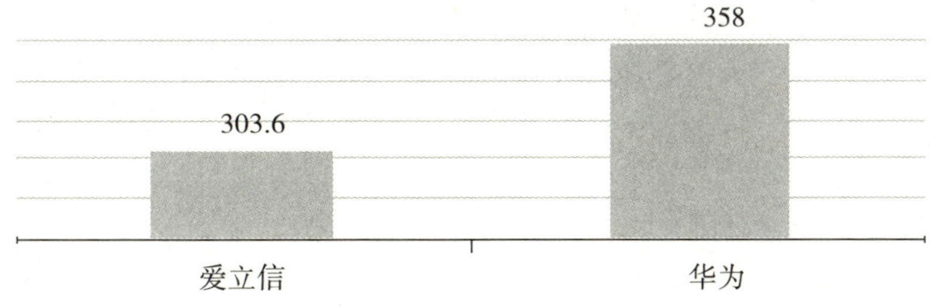

2015年营业收入对比（亿美元）

2015年华为电信网络领域收入增长率达到21%。爱立信收入增长率为8%，如下页图所示。

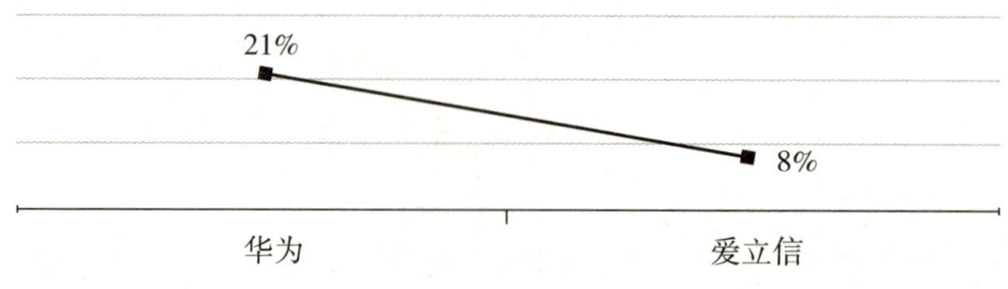

2015年增长率对比

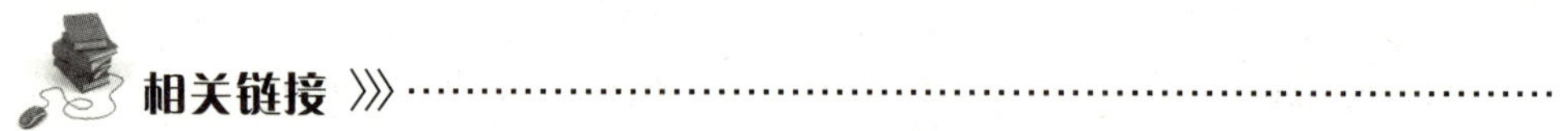

通信业两强：华为走刚猛路线　爱立信绵里藏针

最近电信设备商们都公布了2015年的财报，业绩普涨、全线飘红。尤其是华为和爱立信这两强的表现，更是抢眼。

先来看看华为，已经是电信设备行业内当之无愧的老大。2013年，华为的整体业务收入首次超越爱立信，甩掉了“千年老二”的名号。不过那个时候华为并不认为自己是老大，因为“苹果和萝卜不能一起比”。当时在华为看来，从运营商业务的角度来看，自己还处于第二的位置。

“谦受益，满招损”，华为的表现应了这句古话，低调的华为在2014年和2015年的业绩继续表现出彩，进一步扩大了自己的领先优势。2014年华为的营业收入是465亿美元，与爱立信之间的营业收入差距从2013年的40亿美元扩大至113亿美元，阿尔卡特—朗讯（2015年被诺基亚收购）、中兴和诺基亚被远远甩在身后。华为最近公布的财报显示，2015年其营业收入约为610亿美元（3950亿元人民币），而爱立信2015年营业收入约为304亿美元（2469亿瑞典克朗），差距已经拉大至306亿美元。在华为与中兴、诺基亚之间，2015年的营业收入差距已经扩大至455亿美元和469亿美元。

前文有提到，2015年设备商们的业绩普涨，爱立信营业收入涨8%，诺基亚涨了6%，中兴大涨约24%。在这种情况下，华为将差距拉大，只因为它跑得更快，2015年华为的营业收入暴涨37%，达到3950亿元人民币。有比较才会有感觉，3950亿元营业收入是什么概念，要知道BAT这三家互联网巨头2015年的营业收入总和不到2500亿元人民币，再加上小米（743亿元人民币）也还不够。

华为的强大，在于其走的是规模路线，在运营商、企业和消费者业务领域多线出击，而且在每条战线上的表现都可圈可点。运营商业务是华为这艘大船的压舱石，受益于全球4G，尤其是中国4G建设的热度不减，华为在运营商业务方面的收入保持稳定增长，达到2323亿元人民币。

在压舱石稳定的情况下，华为的消费者业务营业收入快速增长至1291亿元人民币，增幅达73%，新推动力作用明显。

视线回到爱立信身上，虽然已经被华为超越，但是这位“曾经的老大哥”实力仍不可小觑。要说明的是，爱立信和华为走的是不同的路线，简单地比较两者的营业收入意义不是很大。华为做的是加法，在运营商业务这一传统优势领域之外进军了消费者业务领域和企业领域。而爱立信则是在做减法，2012年爱立信将合资公司索尼爱立信的50%股权出售给索尼，彻底淡出手机终端市场，2014年爱立信又退出了手机芯片市场。收缩战线的爱立信聚焦于移动宽带网络、全球服务业务、支撑解决方案业务这三大领域，并且拓展5G、物联网、云计算等新兴领域。

华为的“硬汉”风格现在依然明显，无论是电信设备还是手机终端，虽然也有企业级解决方案服务，但是难撼大局。而爱立信正在实现“从硬向软”的转变，从过去提供网络硬件设备，到面向万物互联时代提供整体解决方案，爱立信的目标是向软件公司转型。现在爱立信的转型已经取得成效，已经不能将其定义为纯粹的电信设备商，通过爱立信2015年的财报，我们发现其来自于服务和解决方案方面的收入已经占据半壁江山，与过去仅通过提供设备获取收入已经是大不相同。

就拿知识产权这一“很软”的收入来说，现在已经成为爱立信新的增长点。从2G到如今的4G和未来的5G，爱立信都积累了大量的技术专利，目前它在全球共申请35000多项专利。众多手机厂商都挨过爱立信的“专利大棒”，比如三星、苹果还有国内的小米、中兴、华为等等。2015年年底爱立信和苹果签署专利许可协议，2016年年初与华为续签了全球专利交叉许可协议。2015年，爱立信知识产权收入达到144亿瑞典克朗（约合114亿元人民币），这是相当高的数字。

2015年，华为和爱立信的利润分别大涨了33%和23%，说明两者走的路线虽然不同，但同样健康。如果说华为打的是威猛的金刚拳，那么爱立信打的则是太极拳。你很难说哪种拳威力更大，只能说各有各的厉害。

第二节　华为PK思科

思科与华为，一个是全球网络设备市场的龙头企业，长期占据路由器交换机等核心网络设备领域的霸主地位；一个是中国电信网络设备市场的领军厂商，近年在全球ICT市场崛起的生力军。两家公司在行业及市场中的地位，决定了它们的一举一动，影响着全球市场的发展趋势。

华为与思科对比

思科公司是全球领先的网络解决方案供应商。Cisco的名字取自San Francisco（旧金山），那里有座闻名于世界的金门大桥。可以说，依靠自身的技术和对网络经济模式的深刻理解，思科成为网络应用的成功实践者之一。与此同时思科正在致力于为无数的企业构筑网络间畅通无阻的“桥梁”，并用自己敏锐的洞察力、丰富的行业经验、先进的技术，帮助企业把网络应用转化为战略性的资产，充分挖掘网络的能量，获得竞争的优势。

思科与华为的基本情况对比如下表所示。

思科与华为的基本情况对比

	思　科	华　为
定位	全球领先的网络解决方案供应商	全球领先的信息与通信解决方案供应商

（续表）

	思　　科	华　　为
领导人	约翰·钱伯斯	任正非
成立时间	1984年	1987年
总部位置	美国加利福尼亚州圣荷西	中国深圳
全球化	165个国家	170多个国家
员工数	70112人（2015年）	170000多人（2015年）
上市时间	1990年	未上市
产品业务	路由器、交换机、安全及服务；视频；协同；数据中心、虚拟化、云计算	运营商业务、企业业务、消费者业务

2015财年思科业绩

2015财年思科业绩如下表所示。

2015财年思科业绩

全财年GAAP（美国通用会计准则）业绩			
	2015财年	2014财年	与2014财年相比
销售额	492亿美元	471亿美元	增长4.5%
净收入	90亿美元	79亿美元	增长13.9%
每股收益	1.75美元	1.49美元	增长17.4%
全财年非GAAP业绩			
	2015财年	2014财年	与2014财年相比
净收入	114亿美元	109亿美元	增长4.6%
每股收益	2.21美元	2.06美元	增长7.3%

相关链接 》》

华为两大对头：爱立信和思科公司宣布结盟

2015年11月10日，爱立信与思科宣布，两家公司将建立广泛的技术与商业关系，将在从研发至客户服务等领域全方位展开合作。两家公司称，结盟到2018年将让每家公司每年新增10亿美元以上的营业收入。在竞争激烈，且收购成为常态的市场环境中，选择结盟是极为罕见的一种做法。两家公司联合声明，在诺基亚斥资156亿欧元收购阿尔卡特—朗讯之后，该公司以及中国电信设备制造商华为的崛起，给它们带来了巨大的竞争压力。

鉴于此，爱立信与思科将全方位展开合作，包括联合开发在无线网络和互联网基础设施中普遍使用的产品。

作为双方的竞争对手诺基亚、华为并未对此消息做出官方回应。

但华为内部人士对《第一财经日报》记者表示，两家公司的联盟反映出华为此前对行业的判断是正确的，对于联盟本身，华为欢迎更多的竞争者把行业做大。

电信与互联网界限越来越模糊

爱立信2014年的营业收入为2280亿瑞典克朗（约合253亿美元），全球员工总数约为11.624万人。这家公司目前拥有约3.7万项专利。思科2014年的营业收入为492亿美元。两家公司分别是电信市场以及网络市场上的第一和第二名。

对于为何结盟，爱立信表示，与思科建立战略合作伙伴关系，能够让该公司立即扩大产品和服务提供范围，速度要比该公司通过收购或自主开发互联网设备更快。思科则表示，通过与爱立信结盟，能够让公司在不卷入漫长的并购谈判的情况下，迅速进入规模更大的市场。

而双方的结盟反映出电信与互联网之间的界限已变得越来越模糊，这也让两个市场的公司都考虑如何来应对规模更大的市场。

对爱立信而言，因为竞争对手诺基亚实力的增强，结盟能够帮助公司巩固其全球电信设备产业龙头的地位。在诺基亚完成收购阿尔卡特—朗讯的交易之后，这家公司不仅将有实力在无线设备市场向爱立信发起挑战，而且也会向互联网设备的龙头思科发起冲击。

另一竞争对手华为也在几年前完成了电信业务以及网络业务的整合，分设运营商业务BG和企业业务BG来抢食市场。加上消费者BG的业务，华为在2015年上半年已经在营业收入上超过爱立信，相当于后者的2倍。

相比之下，昔日巨头转型的脚步似乎慢了一些。

爱立信过去一直在自主开发互联网设备，但该业务一直未能产生大的影响。与此同时，受运营商铺设4G网络增速放缓以及价格战的影响，爱立信的主营业务电信设备一直承受着极大的压力。

而思科在中国的销售并不理想。思科中国销售额同比减少20%，公司同期的全球营业收入却同比增长了5.1%。根据美国投资银行Bernstein Research的统计，思科在全球路由器市场的份额从一年前的21.2%降至2015年第一季度的9.4%，损失的销售额被本土竞争对手华为夺走。

对于反击对手，爱立信和思科并不避讳，两家均表示，诺基亚收购阿尔卡特—朗讯及中国电信设备制造商华为的崛起，给它们带来了巨大的竞争压力。

对标华为、诺基亚

在思科和爱立信各自领域的竞争对手名单中，华为排在首位。

华为一直被思科看作最强劲的竞争对手，随着华为企业业务技术和产品的不断更新，火药味也变得越来越浓。

思科前任CEO约翰·钱伯斯在2014年的一场演讲中表示，在过去的几年中，思科最初的竞争对手大部分已经被市场淘汰，而到了2018年其他竞争对手将所剩无几，其中就包括华为。

演讲的另一个背景是，当时思科正在面临业绩下滑的危机。分析人士表示，传统业务市场增长放缓是思科业绩下滑的最主要原因，思科亟须找到新的利润增长点。不过，虽然增长速度已经放缓，但思科仍是全球网络设备市场最大的厂商，目前在交换机市场仍处于垄断地位。

对于思科的“挑衅”，华为常务董事、战略Marketing总裁徐文伟当时的回应是：华为作为企业市场的新加入者，没有包袱，愿意创新。在他看来，“光脚”的华为其实更容易在企业业务上打破边界，实现革命性的发展。

“我们走的路子是创新、差异化再到领先，不会放弃任何市场。”徐文伟对《第一财经日报》记者说。

而对于爱立信，华为更愿意把这家公司称为友商，在诸多场合，华为的高层都表露出对爱立信的“赞赏”。

作为电信行业的两大领导者，在业内看来，两家巨头在发展路径上已经明显不同，近年来华为不断扩大业务领域，爱立信则更加专注于无线业务和服务。一个在做加法，一个在做减法。

不过从此次合并来看，双方在电信网络融合领域的竞争即将开始。

而对于诺基亚斥资156亿欧元收购阿尔卡特—朗讯，爱立信和思科也表现出了担忧。这起合并案在电信设备行业虽然是老四对老三的合并，不过，由于诺基亚、阿尔卡特—朗讯在2G、3G、4G的通信标准专利上分别拥有较大的市场份额，合并后的新诺基亚将在通信行业形成巨大的专利优势。

在营业收入上，诺基亚预计合并后新年净销售额达到276亿美元（约1752亿元人民币），诺基亚预计年净销售额略微超过爱立信。

在电信、互联网界限越发模糊之际，将会有新的竞争开始。

……………………………………………………………………………………

第三节　华为PK中兴

比起爱立信与思科，同样诞生于20世纪80年代的深圳的中兴曾与华为旗鼓相当，而近10年差距却不断拉大。

中兴简介

中兴通讯股份有限公司（英语：ZTE Corporation，全称：Zhongxing Telecommunication Equipment Corporation），以下简称“中兴（ZTE）”。总部位于广东省深圳市南山区，成立于1985年。中兴是全球第四大手机生产制造商，在香港和深圳两地上市，是中国最大的通信设备上市公司。

中兴为全球160多个国家和地区的电信运营商提供创新技术与产品解决方案，通过全系列的无线、有线、业务、终端产品和专业通信服务，满足全球不同运营商的差异化需求。

2015年中兴营业收入

2015年，中兴营业收入为1001.9亿元人民币，较2014年增长23.0%；归属于上市公司普通股股东的净利润为32.1亿元人民币，同比增长21.8%。这主要是由于国内外4G系统产品、国内外光接入产品、国内光传送产品、国际高端路由器产品、国际手机产品、国内外家庭终端产品营业收入上升，智慧城市项目快速增长及数据中心、ICT业务的增加。

2015年的研发投入为122.01亿元人民币，同比上升35.4%，主要是由于加大5G、高端路由器、LTE、SDN、GPON、核心芯片等产品的研发投入。中兴国际市场实现营业收入470.8亿元人民币，占集团整体营业收入的47.0%。来自于欧美的营业收入达到了25.2%。2015年，国内市场实现营业收入531.1亿元人民币，占集团整体营业收入的53.0%。

2015年营业收入对比

2015年，中兴与华为营业收入对比如下页图所示。

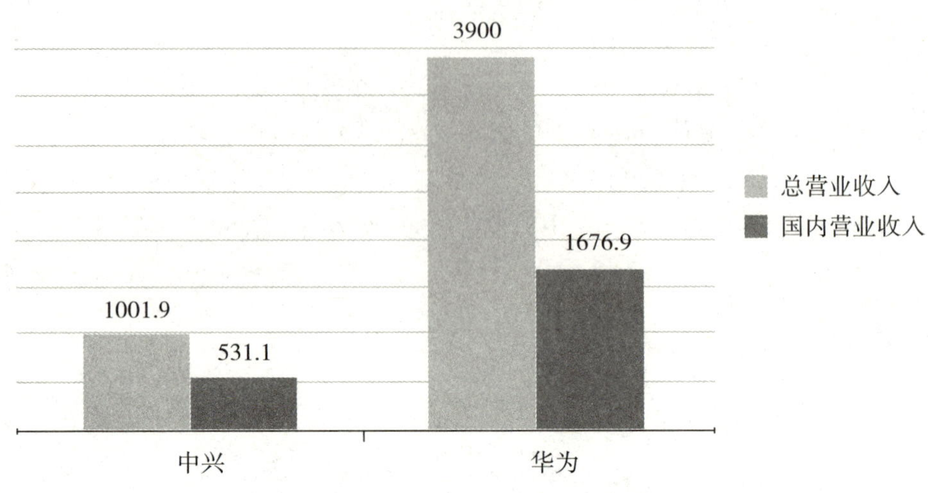

2015年营业收入对比（亿元人民币）

2014年营业收入对比

2014年，中兴与华为营业收入对比如下图所示。

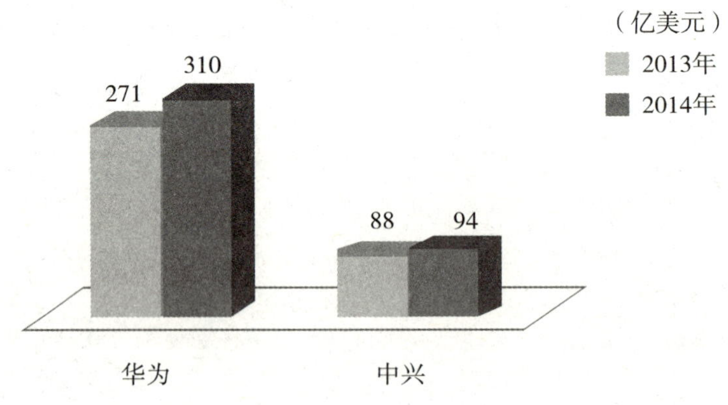

2014年营业收入对比

华为排名全球第一　中兴通讯名列第三

在广东省2015年知识产权保护状况新闻发布会上，广东省内企业的创新主体地位进一步加强，企业发明专利申请和授权量占全省的70%以上，5家企业跻身世界PCT国际专利申请50强，华为和中兴通讯PCT申请公布量分别排名全球企业第一和第三位。

第四节　在消费者业务市场的博弈

华为PK苹果

苹果公司简介

苹果公司（Apple Inc.）是美国的一家高科技公司，以下简称“苹果”。是由史蒂夫·乔布斯、斯蒂夫·沃兹尼亚克和罗·韦恩3人于1976年4月1日创立，并命名为“美国苹果电脑公司（Apple Computer Inc.）”，2007年1月9日更名为“苹果公司”，总部位于加利福尼亚州的库比蒂诺。

手机销量对比

2015年苹果手机销量达2.2亿部，同比增长超过14%，市场占有率为15.9%。

2015年华为手机销量达到1.06亿部，同比增长超过44%，市场占有率为7.3%。如下图所示。

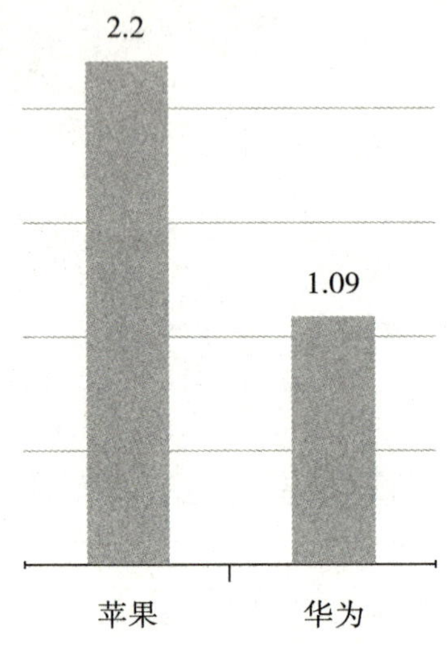

2015年华为与苹果手机销量对比（亿部）

华为PK三星

三星集团简介

三星集团是韩国最大的跨国企业集团，同时也是上市企业全球500强。三星集团包括众多的国际下属企业，旗下子公司有：三星电子、三星物产、三星航空、三星人寿保险等等，业务涉及电子、金融、机械、化学等众多领域。

三星集团成立于1938年，由李秉喆创办。三星集团是家族企业，李氏家族世袭，旗下各个三星产业均为家族产业，并由家族中的其他成员管理，集团领导人已传至李氏第三代，李健熙为现任集团会长，其子李在镕任三星电子副会长。

手机销量对比

2015年，三星手机销量为3.2亿部，市场占有率为22.5%。与华为对比如下图所示。

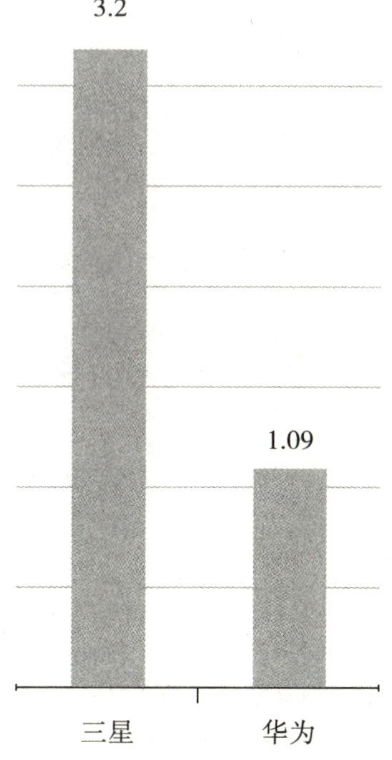

2015年华为与三星手机销量对比（亿部）

华为PK小米

销量对比

销量是衡量一款产品品质的重要标准，销量越多，市场也就越大，被用户认可也就越多。对眼下的国产手机来说，与三星、苹果等分庭抗礼已不再是一个遥不可及的梦。

2015年，华为手机销量突破1亿大关，为1.09亿部，而小米手机销量为6561万部，销量对比华为完胜，如下图所示。

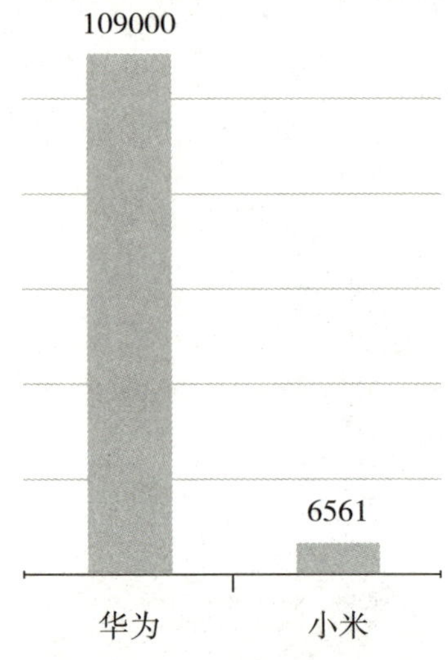

2015年手机销量对比（万部）

品质对比

说到手机品质，通常包括硬件和软件两部分的体验。在硬件配置上，华为、小米已基本无太大差距，性能上也基本一致，主要还是在工艺设计和手机UI上有着区别。

小米的成功在于首先是通过MIUI先吸引到了一部分ROM爱好者，然后再通过推出手机硬件，把硬件和系统服务相结合，迅速积累到了第一批手机用户。小米的MIUI不仅是一个操作系统，更是一个互联网生态系统的连接枢纽，通过

MIUI把小米智能生态链给连接起来，涵盖小米电视、路由器、手环、智能家居等。

华为的Emotion UI及硬件生态虽然此后奋起直追，但在整体上依旧落后于小米。

技术对比

一个是成立5年左右的互联网公司，一个是近30年的老牌通信企业，可以说华为在技术储备及研发投入上大幅领先小米。

作为全球榜首的通信设备厂商，华为2014年研发投入占全年营业收入比例为14.2%，达到 408亿元，占到小米2014年全年收入的55%。目前华为已累计研发投入超过1900亿元，持有3.8万个专利（其中90%以上为发明专利），为华为终端的发展铺路。

相比之下小米还落后较多，虽然也在加大力度投入研发，但体量上和华为却不是一个级别。据小米联合创始人林斌公布的最新数字，截至2015年10月30日，小米申请的专利总数超过6000件，仅2015年，小米发明专利申请就达到3738项，相比成立初期申请的35项专利，增幅超过100倍。

品牌对比

业界熟知，真正对抗小米的是华为终端旗下的荣耀品牌，它是华为当初直接拿出来和小米竞争的品牌，与小米同属于互联网手机品牌。华为终端用小米的套路打小米，现在看来成效尚佳。

华为消费者BG董事长余承东强调，接下来荣耀手机将会更加疯狂，其将主打互联网手机，目标只有一个，那就是做到互联网手机的老大。而华为手机未来将继续主打中高端智能手机，Mate系列主打超高端，眼里的竞争目标只有苹果和三星。

从品牌度来看，小米过去积累了不少用户口碑，其忠诚度仅次于苹果列行业第二位。之前有报告显示，小米获得2014年手机品牌网络口碑的第一名，华为当时列第四名。

不过，华为在后来追赶迅猛，尤其是荣耀“勇敢做自己”的口号以及一路对标小米的产品吸引了不少用户。

相关链接 》》

小米换大屏、华为上VR，国产手机界谁最有王霸之气

1. 小米回归UI，华为奔向VR

相爱相杀多年的小米和华为，这次选择在2016年5月10日同天发布新机，小米先发制人，下午发布了小米Max，售价1499元起，现货马上出炉。

小米Max的卖点有两个：一个是史上最大屏；另一个卖点就是升级到了MIUI8系统，更新了不少新功能，比如长截屏、计算器升级……还支持手机“双开”，用户可以通过不同的密码进入一部手机中完全不同的两个MIUI8系统，两个系统互相独立。

相比小米Max的亲民，晚间发布的荣耀V8走的就是高端路线了。

2799元的售价，后置双摄像头、2K分辨率显示屏。

为了凑上VR的热闹，荣耀还发布了一个专门为V8适配的VR眼镜。

不想买也没关系，把V8的包装盒简单折叠，就可以变成谷歌 Cardboard一样的VR纸盒。

内容方面，荣耀还和优酷合作，每月提供10000部VR视频。总之从硬件到软件，荣耀V8已经摆出一副向未来狂奔的姿势……

2. 小米演的内心戏，米粉以行动买单

争了这么多年第一，小米和华为原本在销量上互不相让，现在路线却出现了分化。

小米回归MIUI升级，甚至出现了双系统这种玩法，大有当年刚出世时用MIUI吸粉的势头。

根据友盟指数，2016年1月，安卓手机活跃用户排名靠前的Top10机型中，小米占据6席，而且霸占前三甲之位。

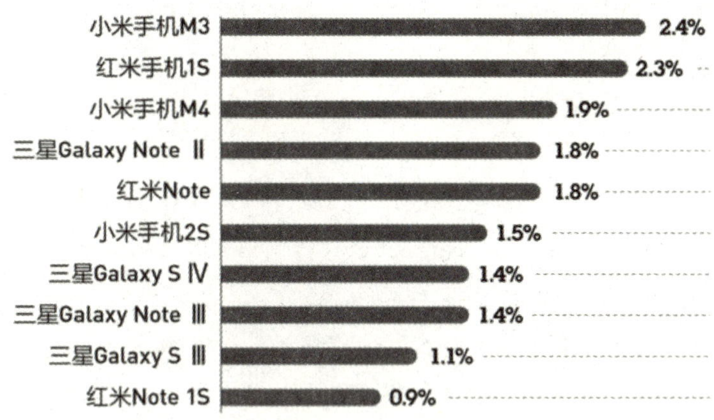

2016年1月安卓手机活跃用户排名TOP10

而华为、步步高、OPPO等市场份额同样领先的国产手机，则全部排在十名开外。

看起来，小米这种不在单品上死磕硬件，而是全力经营着自己的用户生态的做法，还是挺奏效的。

3. 华为靠“硬实力”圈粉

争了这么多年第一，无论是市场研究机构IDC、IHS，还是Strategy Analytics的报告，都显示近些年中国智能手机市场的老大确实是小米，华为的销量一直被压着，心理当然不痛快。

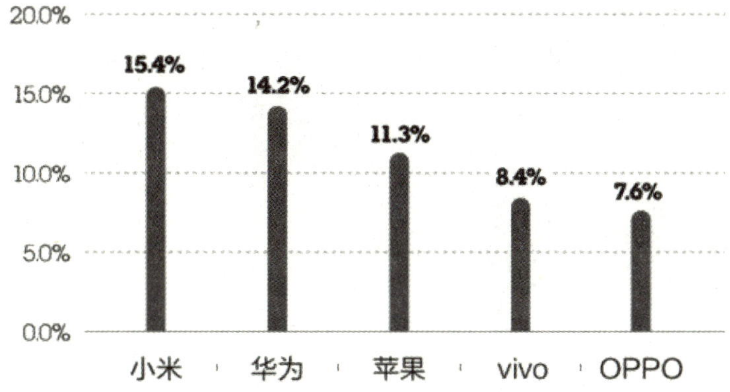

2015年中国智能手机市场份额TOP5

如果说小米主要是通过演内心戏的方式提升用户黏性和活跃度，那么华为必须要拿出一些“硬科技”来实力圈粉，才能颠覆目前的局面。

而双摄像头、2K屏幕、VR生态，就被华为称为技术方面的突破。

光傍着VR这股春风，都够它大造一番势了。

虽然谷歌的Cardboard卖得不错，但是在国内还没真正火起来；HTC和Oculus太贵，发货要等半年；乐视说要出VR，但到今天也不知道啥时候发售……

结果却是华为抢了先，拿出了真家伙。

最新悬念：国际战线失手，小米还能守住国内这块阵地吗?

从最新这场发布会来看，小米不似先前那般轻狂了。

遥想2016年2月小米发布小米5时，“雷布斯”还在台上得意地宣布：2015年小米的销量是全国第一，“让友商失望了”。

无论是市场研究机构IDC、IHS，还是Strategy Analytics的报告，都显示2015年中国智能手机市场的老大确实是小米。

但是一旦把目光放到海外去，华为就不是吃素的了。

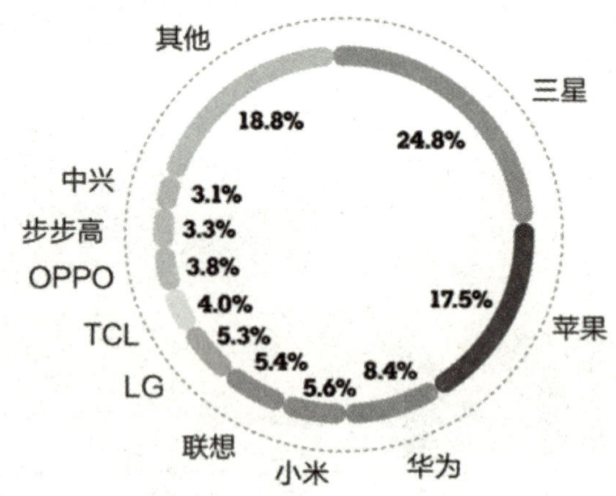

2015年全球智能手机市场份额

通信市场调研机构TrendForce的数据显示，2015年，全球智能手机市场的老大依旧是三星，华为和小米分别位列第三、第四位。

华为可是领先了小米2个百分点都不止。

而最新的数据显示，小米已经被踢出前五位了……

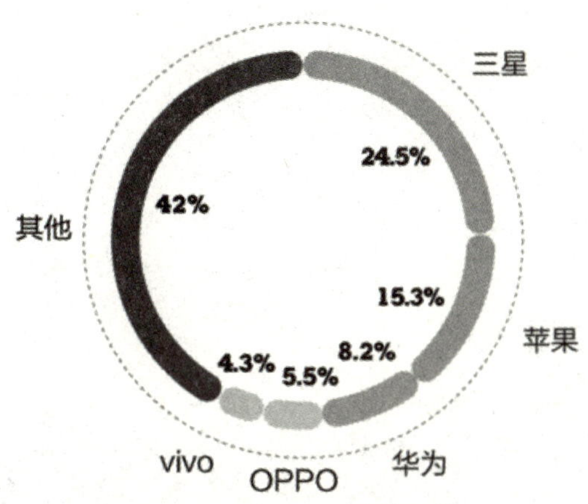

2016年第一季度全球智能手机市场份额

取小米而代之的是迅速上位的国产品牌OPPO和vivo，小米的市场份额已经迅速缩水到4.4%以下。

第七章
华为，未来将是一个全联接的世界

导言：

2014年4月24日，在第11届华为年度全球分析师大会上，华为战略Marketing总裁徐文伟指出更美好的全联接世界的价值在于不断地突破时间和空间的限制，并分享了对更美好的全联接世界的展望与畅想。

第一节　全联接与全联接指数

什么是全联接

“全联接”一词源于华为，在华为轮值CEO徐直军所撰写的一篇文章中，提及全球“仍然有44亿人（超过全球人口总数的60%）还没有接入互联网”时，提出了这一概念。

华为表示，“对于尚未联网的很多人而言，接入互联网将是他们改变生活的起点。通过与全世界的联接，他们能够获得更多的知识、更好的教育、更广阔的发展机遇。”

在2014年移动世界大会（MWC2014）期间，华为将“勾勒全联接世界美好商业蓝图”作为口号之一，进行参展。

华为的核心观点

作为全联接概念的提出方，华为的核心观点主要包含了四个方面，具体如下图所示。

方面一	强大的数字基础设施是经济有质量增长的重要驱动力
方面二	由于ICT投资以及所处的发展阶段不同，每个国家数字经济获益程度不一
方面三	处于不同ICT发展阶段的国家，需要找到适合自身发展的数字化转型模式
方面四	宽带、数据中心、云计算、大数据、物联网五大关键技术，正在并持续使国家数字经济转型

全联接核心观点

ICT是信息、通信和技术三个英文单词的首个字母组合（Information Communications Technology，简称ICT）。它是信息技术与通信技术相融合而形成的一个新的概念和新的技术领域。

华为携手华铁信通举办轨道交通行业ICT技术研讨会

2016年4月23日，以“引领新ICT共建全联接铁路”为主题的成都铁路局ICT技术研讨会在成都彭州举行。本次会议由华为联合华铁信通共同举办，通过行业信息化研讨、产品解决方案展示、服务经验分享等充分展示了华为ICT解决方案在轨道交通行业的信息化成果。成都铁路局电务处通信科及技术科专家、华为交通行业技术专家、华铁信通等40多人参加了本次会议。

华铁信通连续3年都是华为数通产品金牌经销商，也是华为GPON产品在四川区域和西藏区域的独家分销商，同时也是成都铁路局的传输网络维保服务供应商，承担着整个成都铁路局的华为传输产品维保工作。

四川华铁信通科技有限公司总经理周易波先生在本次会议中指出：“2015年华铁信通携手华为顺利完成了成都铁路局基础网改造以及站段接入等多个项目，不久前又顺利完成了调度大楼监控分析中心集成项目，项目成果受到了铁路局领导的充分认可。同时我们扩大了技术服务队伍，并且在近期通过了华为四钻认证，成为华为的最核心的合作伙伴，让华铁信通有信心有能力可以更好地服务于铁路局的需求。”

华为成都企业业务部交通行业销售总监李应先生在会议中表示，铁路局电务部门承担着铁路通信安全运营的重大责任，也是华为多年来最紧密服务的核心客户，感谢客户多年的宽容、支持和信任。四川华铁信通科技有限公司是华为的同路人，是华为铁路行业最核心的合作伙伴之一。华为和华铁信通将携手提供全方位的解决方案和优质服务，在成都局的基础数据网建设、视频监控系统、视频会议网络、无线站场覆盖等多个系统更好地服务铁路ICT建设。华为在铁路信息化建设方面积累了一些实践经验，希望能与各位专家分享，同时也希望大家各抒己见，碰撞出火花。

会上，华为解决方案专家王宸彬、张洪喆、王亚、曾清扬分别就OneAir铁路行业解决方案、GPON光纤到班组解决方案、铁路数据网性能质量分析以及IP网络评估优化服务几个议题进行了解决方案及成功案例的分享，铁路局专家就关心的话题进行了热烈的讨论。

最后，成都铁路局电务处通信科何健科长对本次会议做出总结："感谢华铁信通牵头组织这次针对电务系统的交流和学习研讨会议。感谢华为技术专家们的充足准备，非常有针对性地根据成都铁路局通信的需求给出了解决方案建议。通信技术日新月异，我们迫切需要新技术的支持，这样的技术研讨也让我们受益良多。目前铁路信息化建设突飞猛进，对通信专业提出了更高的要求，建设好、维护好一张健壮安全的通信网络是我们通信人最主要的任务，我们希望华为、华铁信通公司一如既往，继续支持我们的工作，共同努力，为我局的铁路通信发展做出贡献。"

为协助客户应对铁路行业挑战，促进人、车、路的有效协同，携手应对新的趋势和挑战，华为数字铁路解决方案融合eLTE、GSM-R、敏捷网络、云计算、BYOD等创新ICT技术，协助客户建设面向4G和全IP的可演进运营通信、基于云架构的融合中心和敏捷站段，以及基于成熟4GLTE技术的车地无线宽带，从而共同构建全联接的安全、高效、便捷铁路，为乘客提供舒适便捷的旅行体验，促进货运服务的门到门转型，更好地联接轨道沿线的车辆、工作人员和乘客，为铁路运输智能化、管理现代化提供创新原动力。

全球联接指数

华为推出的全球联接指数（GCI）是业界首次对国家和行业联接水平进行的量化评估。该指数衡量一个国家或行业的ICT基础设施投入、使用程度及关键业务领域获益，是ICT发展和应用的"晴雨表"，可以协助各行各业洞察到ICT发展对国家和行业数字化转型的价值及正向推动，并为未来投资提供宝贵参考。华为希望全球联接指数不仅能成为评估国家和行业ICT发展的一个指标,更能成为产业政策制定者和企业决策者的一个参考。面向未来，华为将与行业伙

伴更紧密地协作，让人与人、人与物、物与物全面互联，共同携手构建一个更加美好的全联接世界。

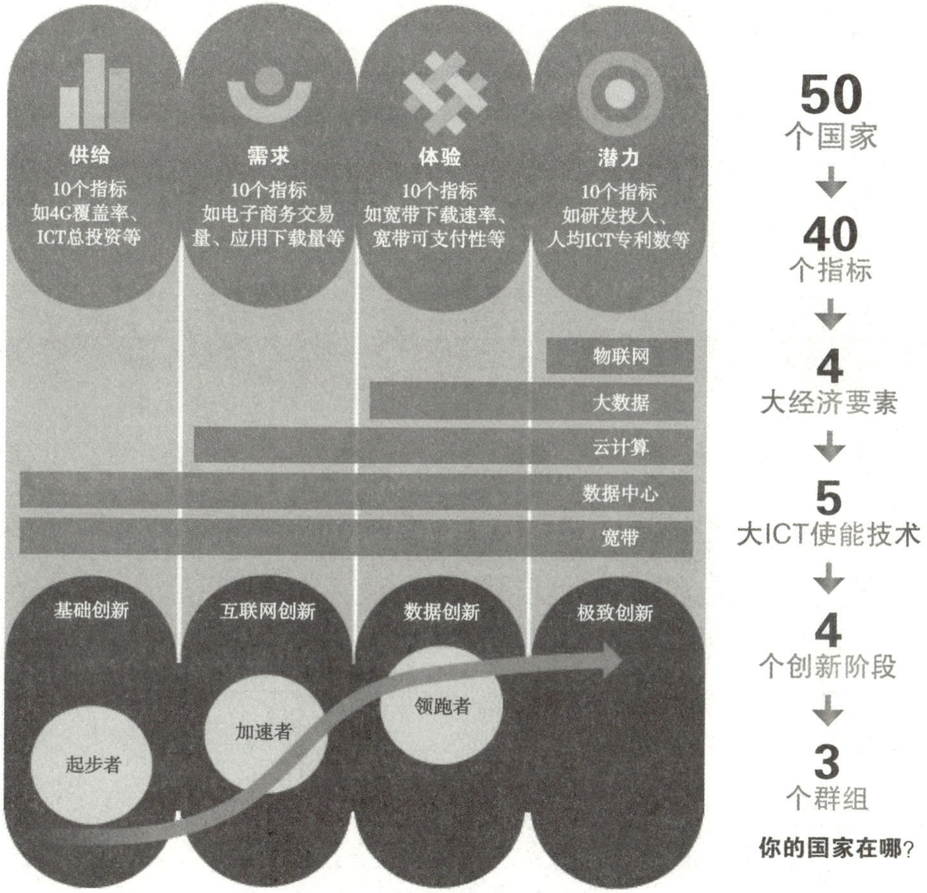

供给
10个指标
如4G覆盖率、ICT总投资等

需求
10个指标
如电子商务交易量、应用下载量等

体验
10个指标
如宽带下载速率、宽带可支付性等

潜力
10个指标
如研发投入、人均ICT专利数等

物联网
大数据
云计算
数据中心
宽带

基础创新
互联网创新
数据创新
极致创新

起步者
加速者
领跑者

50
个国家
40
个指标
4
大经济要素
5
大ICT使能技术
4
个创新阶段
3
个群组
你的国家在哪？

2016年全球联接指数概览

【拓展阅读】2016年GCI排名和得分

2016年GCI排名和得分

2016年各国GCI排名和得分如下页表所示。

2016年GCI排名和得分

领跑者	得分	加速者	得分	起步者	得分
1 美国	74	17 西班牙	51	38 菲律宾	33
2 新加坡	72	18 葡萄牙	50	39 埃及	32
3 瑞典	70	19 阿联酋	50	40 委内瑞拉	32
4 瑞士	68	20 捷克	48	41 印度尼西亚	32
5 英国	65	21 卡塔尔	47	42 摩洛哥	30
6 丹麦	64	22 意大利	46	43 越南	30
7 韩国	63	23 中国	44	44 印度	30
8 荷兰	63	24 智利	44	45 阿尔及利亚	28
9 日本	62	25 马来西亚	44	46 肯尼亚	27
10 挪威	61	26 俄罗斯	43	47 加纳	27
11 澳大利亚	59	27 波兰	43	48 尼日利亚	26
12 德国	59	28 沙特阿拉伯	43	49 孟加拉国	23
13 法国	58	29 罗马尼亚	42	50 巴基斯坦	21
14 新西兰	58	30 巴西	39		
15 加拿大	57	31 南非	39		
16 比利时	57	32 墨西哥	38		
		33 哥伦比亚	37		
		34 泰国	37		
		35 土耳其	37		
		36 阿根廷	36		
		37 秘鲁	35		

影响数字经济发展的四大要素

供给、需求、体验、潜力是影响数字经济发展的四大要素。

四大要素的作用

四大要素的重要作用如下页图所示。

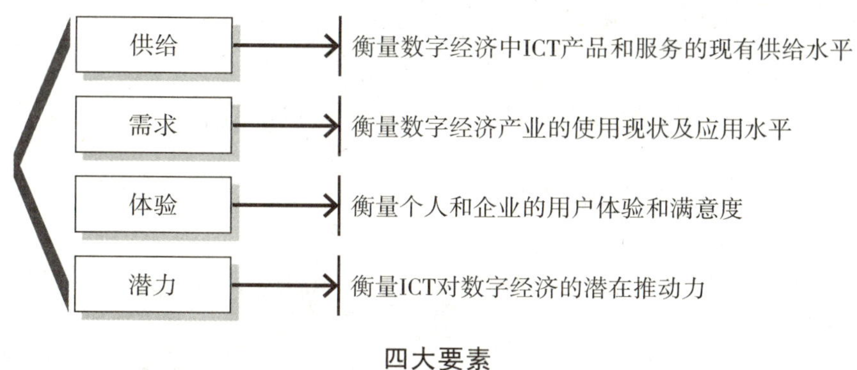

四大要素

四大要素的关系

数字经济的发展进程取决于这四个方面的协同发展，其相互关系如下图所示。

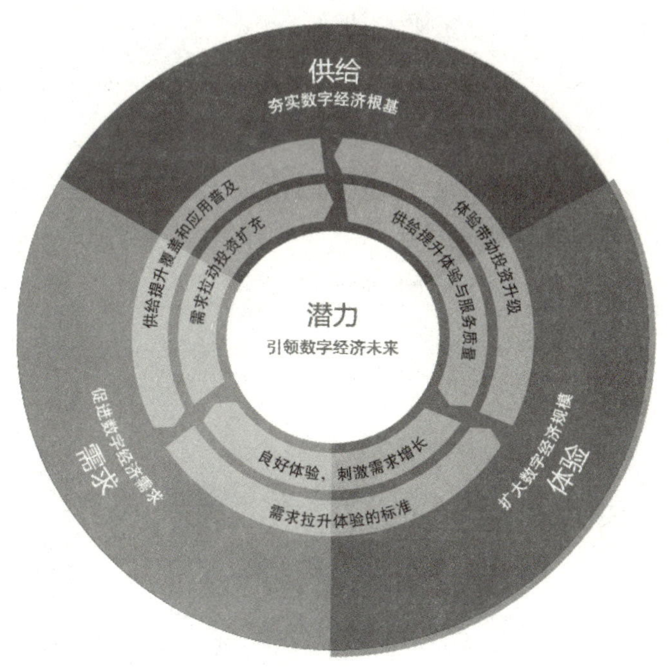

四大要素相互关系

四大要素的GCI得分

华为GCI研究数据显示，四大要素的GCI得分及其增量如下图所示。

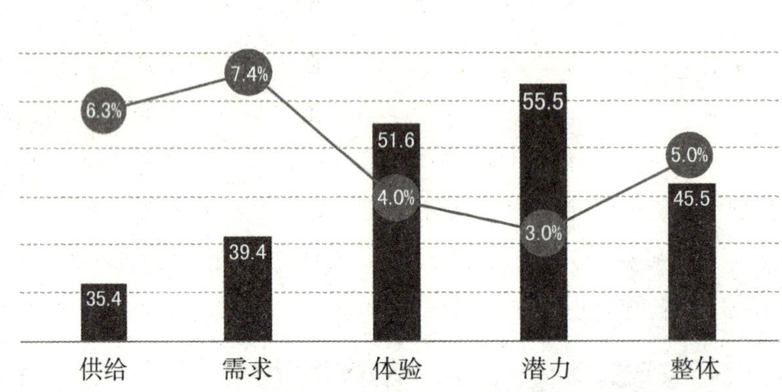

四大要素的GCI得分

五大使能技术的得分变化对比

华为对GCI 2016年的研究表明，各国仍在努力提升宽带性能。在五大使能技术中，宽带得分增长最快，比2015年增长8%，这主要归功于移动宽带的增长。其次是物联网，增长了5%。再次是大数据，增长了2%。数据中心和云计算增长最慢，分别提升1%。

五大使能技术的GCI得分如下图所示。

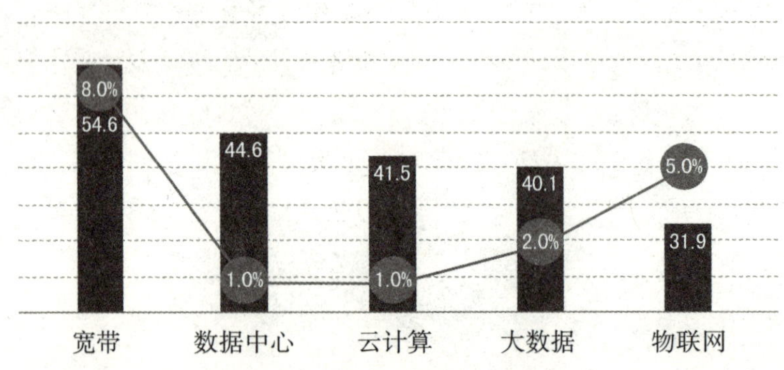

五大使能技术的GCI得分

相关链接》》

华为倡导友好产业政策，共建全联接亚洲

2016年4月28日，华为在超宽带全球行香港站成功举办产业政策圆桌会议，来自泰国、柬埔寨、缅甸、斯里兰卡、中国等国家通信部和监管机构代表，葡萄牙国家通信管理局代表，行业分析公司Current Analysis代表等20名嘉宾与会，共同商讨如何制订有效的产业推动及监管政策，促进东南亚国家宽带发展。

东南亚大部分国家及印度的宽带发展程度低于全球平均水平，整体固定宽带人口渗透率仅2.3%，远低于全球平均值10.4%。同时东南亚地区（含印度）拥有17亿人口，占全球人口的1/4，在人口红利的驱动下，东南亚宽带的成长速度高于全球平均水平。为促进东南亚各国基础宽带发展，让更多的人获得可负担的互联网服务，享受信息技术带来的巨大社会经济效益，政府需要发挥领导作用，积极营造良好的产业生态系统，并培育富有竞争力的ICT 市场。

此次圆桌会议讨论提出的四点主张获得与会嘉宾一致认可：提供资金补贴以提升宽带覆盖，特别针对偏远地区；鼓励基础设施协同工作，开放路权，降低基础宽带建设成本；增发固网牌照，加速宽带建设；激发用户需求，通过培训、终端补贴等鼓励性政策，刺激用户使用宽带，等等。

“政府需要引领产业，鼓励网络共享以及基础设施协同工作，共同为东南亚市场打造无处不在的网络。”Current Analysis亚太ICT调研总监Dustin Kehoe表示，“政策制定机关也需与私人机构密切合作，刺激次世代网络的发展，同时通过社区外展此类行动带动网络使用和宽带普及，在2020年联结尚未联网的10亿人口。”

作为全球领先的国家宽带一站式解决方案供应商，华为倡导“超宽带、广覆盖、可负担”的国家宽带建网理念，致力于建设更美好的全联接国家。截至目前，全球已有33个国家选择华为作为其国家宽带解决方案供应商。

第二节　解读全联接世界

联接已成新常态

“没有网络信号，或者手机没电，都会让我们变得焦虑和不安。联接已经变成人类文明最基本的需求，‘马斯洛金字塔’也许要更改，在基于生理、安全、社交、尊重、自我实现的需求外，增加对联接的基本要求。”徐文伟表示。

今天，联接成为一种新的常态。人类在物理世界对生存四大基本要素的依赖需求，正在延伸到数字世界。越来越多的个人、企业、组织和机构加入了全联接的世界，使眼镜、手表、鞋子、牙刷及各种机器终端与人类的活动建立联接。

联接正在变得像空气一样无处不在，随时随地、任意联接；像水一样自由流通，自在分享、激发创新；像食物一样补给能量，永远在线、终身学习；像阳光一样普惠大众，人人享有通信、人人享有宽带。

联接技术与人类社会之间的关系也在发生着深刻的变化，更高速、零等待、实时、无所不在、安全可靠的联接将对人类社会进行全面的支撑和重塑。

“人们依附于联接以方便工作与生活，而联接依附于人类的各种探索活动，又能不断激活人类的潜能、产生新的商业机遇。”徐文伟说，“这是一个非常有趣的变化，人类行为所有实时的、动态的、内生的数据，一旦通过云计算、大数据技术进行同步、传输、处理、分析和呈现，与我们今天的商业世界进行结合，金融、汽车、医疗、教育等一切行业都将释放出无限潜能。”

华为提出构建全联接的智能电网

全球领先的信息与通信技术解决方案提供商华为，于2014年8月21～22日在澳大利亚布里斯班举行创新ICT 点亮全联接电网——2014年华为全球电力行业峰

会。来自全球的百余名电力行业企业决策者、专家、学者积极分享电力建设理念和经验，讨论电力行业未来发展趋势。

整个大会分为主题发言和圆桌论坛两部分。全球领先电力企业以“未来电力需要更联接的智能电网”为主题阐述它们的洞察及实践。来自澳大利亚、埃塞俄比亚、德国的电力公司高层管理者就“如何实现智能电网时代下的快速响应”“如何实现IT与OT融合的坚强电网”及“新能源时代电力控制系统的运营”分别做了精彩的演讲。华为和IDC联合发布《创新ICT助力全联接电网》白皮书，IDC高级分析师Christopher Holme以“融合的智能电网时代”为主题阐述了创新ICT如何助力实现更好的全联接电网。而在圆桌论坛上，各国电力客户和专家学者继续围绕分布式能源、电网自动化、电力物联网等电力发展新趋势下的新一代电网形式进行了热烈讨论，一致认为传统集中式、单向式的电网结构已经无法满足新增业务的需求，未来需要一个互联互动、可感可控、安全可靠的智能电网。

华为企业BG Marketing与解决方案销售部总裁何达炳在大会发言中谈道：“未来更美好的智能电网首先应该要能实现新能源的兼容以及发电用电的双向互动，其次需要通过智慧调控实时动态调整调控计划，平衡负荷曲线，灵活地调节电价及用户用电需求，同时未来IT、OT间的信息流、业务流和电力流一定是相互融合的，最后实现这一切必须以坚强自愈为基础。总结来说，更美好的智能电网，是一个每一处、每一秒、每一瓦电，都将用户、电力、设备紧密联接在一起的电网，是一个无时不在、无处不在、无瓦不用的全联接电网。”

在本次峰会期间，华为围绕ICT如何助力构建全联接电网，带来了四大主要解决方案。

第一，融合互联，实现全业务支持的分布式智能电网。

智能电网的建设需要构建一个有线无线覆盖、全场景接入的融合通信网络，华为电力传输通信方案提供具有自动交换功能的传输通信网络，它通过灵活的路由选择和动态管理，实现了集中式电网向分布式电网通信的转变，极大地缩短了电力通信网络提供业务需要的时间，并实现高效可靠的长距离传输。

第二，全面感知，提升智能电网自动化水平。

智能电网系统中，为了有效监测以及控制电网，越来越多的IP化新型智能终端需要接入，这对网络的灵活性、高效性提出了很高要求，因此更多的电力企业选择建设专网来实现海量终端的接入。华为配电自动化通信方案采用下一代无线通信LTE以及PON技术，不仅能够实现全业务的无缝接入和工业级防护，还能实现智能抄表、智慧家庭、能效管理等业务的可靠承载，向物联网时代进行演进，同时通过集测量、传感和控制于一身的新一代平台进行实时管理，真正实现了电力的“无处不在”“无时不在”。

第三，安全可靠 打造坚强电网基石

智能电网必须具备高度的安全和自愈能力，才能确保信息流在发、输、变、配、用和调度的各个环节的安全。华为提供的融合多种网络保护方式，以及多策略的全新智能安全网络系统可以实现电力业务安全防护由技术防护到策略防护的跨越， 确保电力通信99.9999%的可靠性，并通过全方位遥视和遥控监测系统实现区域内各级变电站的无人值守，保护生产安全。在全网中通过对不同类型的业务划分不同的安全区，业务之间通过高性能防火墙实现隔离，业务内所有数据均加密传输，就可以实现有效的电网网络安全控制。

第四，物理隔离、逻辑统一的云数据中心

在智慧调控、集约、协同的趋势下，为了提高智能电网信息基础平台的数据处理能力，华为创新提出DC2 云数据中心核心理念，将分散、分层、异构的传统数据中心融合为全扁平式、点到点全互联、统一资源管理的分布式云数据中心体系，实现统一的管理、呈现、运营。逻辑统一的云数据中心也正是电力公司大数据平台、多业务系统的有力支撑。

在电力行业，华为聚集ICT基础设施，践行“被集成”战略，与合作伙伴开放合作，共同为电力行业客户提供创新的ICT产品及解决方案。华为已与南瑞科技、北京四方、东方电子、积成电子、施耐德、阿尔斯通等国内外知名电力解决方案提供商建立了合作关系。截至目前，华为产品和解决方案已经广泛应用于全球160多个电力客户。在欧洲，华为为德国某大型电力公司打造面向未来的电力骨干网；在拉美，华为为巴西COPEL建设高效电力传输通信方案并带来高值回报；在非洲，华为为尼日利亚KANO提供先进的AMI方案实现智能计量，降低线损；在中国，华为为南方电网部署全球首个eLTE电力无线专网，为配电自动化的规模推广找到了快捷之路，同时华为的IT与统一通信解决方案还帮助中国国家电

网提升信息化与管理水平，节约运营成本。

未来华为将围绕电力行业智能电网建设，通过持续的研发投入，使得ICT解决方案成为电力企业创新转型的核心优势，使自己成为电力行业客户IT创新的最佳合作伙伴。

联接促进社会发展

以移动宽带、云计算、大数据分析、物联网、社交网络为显著特征的ICT技术，正在重塑世界，成为引领人类社会下一轮发展的新浪潮。今天的ICT，已经由过去以提高效率为特征的支撑系统，向驱动价值创造的生产系统转变，联接已经成为继土地、劳动力、资本等之后的新的生产要素。

行业层面，边界正不断被打破。徐文伟说，所有的企业都会成为互联网企业："企业将基于信息、数据分析为用户提供产品和服务，无论是传统企业还是高科技企业，如果不能从联接的世界中受益、不能通过联接去创新商业模式和交易模式、不能通过用户数据的采集和分析去优化运营和营销的话，都将输掉未来的竞争。"

全联接使世界更美好

徐文伟指出，更美好的全联接世界的价值在于不断地突破时间和空间的限制，由此他分享了华为对5年后更美好的全联接世界的展望与畅想。

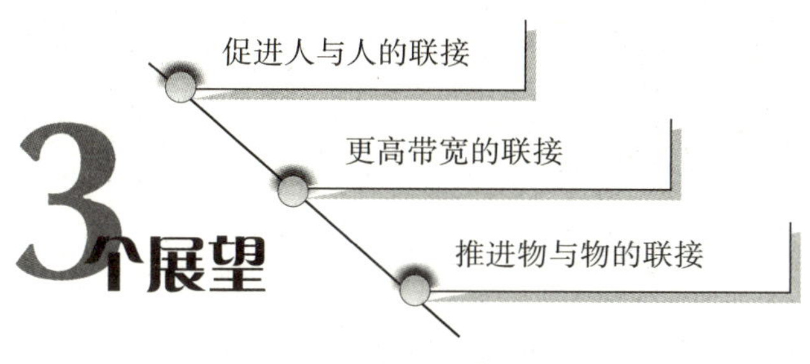

华为对全联接世界的展望

促进人与人的联接

人与人更紧密地联接，可以获取更多的知识、得到更好的教育：“互联网对世界最大的影响是打破了知识传播的限制，让所有人都能够平等地获得来自不同国家、不同文化的知识。也许世界有一个比爱因斯坦还聪明的人，但很不幸，他现在正困在世界上某个没有联接的地区，得不到良好的教育，他可能只会是一个村庄里的聪明人。5年后当联接覆盖这个世界每个角落，人人都拥有负担得起的移动设备，各种在线教育工具进入每个人的生活。那这个聪明人，一定能发挥更大的价值，甚至会让我们的世界变得更加美好。”

更高带宽的联接

更高带宽的联接，实现亲临其境的浸入式体验：“想象一下，只要有足够宽的带宽，足球迷随时可以坐在足球场上的最佳位置观看激动人心的足球比赛。”

推进物与物的联接

物与物更广泛地联接，释放无限商业潜能：“更全面和透彻的感知，以及无所不在的联接，这使万物互联成为可能，极大地激发未来科技、经济和社会发展，所有行业都将从全联接的世界中挖掘出更大的价值。”

华为：数字物流系统使能者

随着流量的增加、内容的增多、应用的增多、移动互联网的发展，大数据的流量会超出想象地增长，一个大数据流量时代汹涌而来：更宽广的太平洋管道，更实时的大数据平台，更庞大的物联数量——如何传送、处理、存储和呈现如此磅礴的大数据流量，成为华为与客户、合作伙伴一道全力打造高效能、全联接的数字物流系统的价值所在。

华为认为，未来的数字物流需要更多、更大、更粗、更快的管道，支撑起不断壮大的大数据流量，这是它面临的战略机会。

“我们致力于成为数字物流的使能者。我们将加大以云计算、虚拟化等技术为代表的IT技术的投资，以之为基础重构传统的CT和IT网络，全面提升其效率，结构性降低TCO，使得未来网络不仅能够应对数字洪水的挑战，还能

够为我们创造价值。我们的愿景是，打造一个更美好的全联接世界。”徐文伟表示。

“全球化进入一个新的ICT融合驱动的时代，今天我们看到的具有全球竞争力的全联接的背后，是以技术融合、行业融合为特征的生态链与产业链协作的结果。华为希望与工业界、产业界、学术界紧密协作，携手构建共赢的产业链。”他说。

华为企业业务2015年实现43.8%的增速，引领新ICT共建更美好全联接世界

2016年4月12日，在华为2016年全球分析师大会上，企业BG以“Leading New ICT， Building A Better Connected World（引领新ICT，共建更美好全联接世界）”为主题与分析师及媒体分享了企业BG的业绩与愿景：基于技术创新，打造开放、灵活、弹性、安全的平台，进而构筑持续发展的多赢生态系统，引领新ICT，构建更美好的全联接世界。

聚焦价值行业，华为企业BG通过合作创新，持续高速增长

华为企业BG Marketing与解决方案销售总裁何达炳先生谈道：“2015年，华为企业BG实现销售收入276.09亿元人民币，同比增长43.8%，持续高速增长。随着云计算、大数据、SDN、物联网等ICT创新技术对各个行业的影响持续加强，客户商业模式、企业IT架构、产业生态圈都在发生着深刻的变革。华为聚焦ICT基础架构，围绕客户业务痛点与战略诉求，与合作伙伴全面合作、联合创新，为客户提供创新、差异化和领先的产品与解决方案。2015年，在聚焦的公共安全、金融、交通、能源等行业取得快速增长。华为平安城市解决方案已服务于中东、非洲、亚太地区等全球30多个国家，100多个城市，4亿人口。与全球10多家顶尖金融机构和ISV开展联合创新，研究基于云计算与大数据的银行下一代IT基础架构，金融云和大数据解决方案在工商银行、招商银行等10多家大中型银行中应用。在交通领域，华为数字铁路解决方案服务里程累计达10万公里以上。在能源领域，已服务于全球20大能源公司中的15家，覆盖超过10万座变电站，38000公里的油气管道。”

华为基于开放技术、开放平台，构筑可持续发展共赢生态圈

华为企业BG Marketing与解决方案销售部CTO梁永健认为：“以云架构、物联网、大数据、SDN为代表的新IT正在重塑企业的IT系统和商业模式。华为将围绕云、管、端，深度整合硬件、软件平台，构筑更加开放的产业生态，打造面向行业领先的、创新的、差异化的新ICT基础架构。”

华为企业BG渠道及合作伙伴业务部总裁Raymond Lau介绍道：“2015年华为企业BG76%的销售收入来自渠道及合作伙伴，同比增长47%，已在全球发展了300多家总经销商和增值经销商、8000多家二级渠道伙伴，其中通过联合创新形成行业解决方案的合作伙伴超过350家。在eLTE 、SDN/NFV、Cloud OS、智慧城市、金融开放平台等领域建设了全球产业联盟，并与行业顶尖合作伙伴，如Honeywell、Accenture、SAP、Vodafone形成战略合作关系。未来华为将坚持‘被集成’战略，一如既往地支持合作伙伴，从产品、品牌、物流、服务、业务及IT系统方面加强提升，让伙伴做生意更加容易，共同成就客户。”

华为企业BG服务Marketing部副总裁Hank Stokbroekx介绍了服务领域的进展：“华为面向行业和渠道合作伙伴，提供高效、安全、可靠的全生命周期服务，帮助它们建立自己的核心竞争力。在2015年，我们在很多领域取得了显著进展，如开发全新专业服务产品系列、全面推广ICT行业认证，目的是帮助合作伙伴从通路型向能力型转型。另外，我们也加大对基于云服务的自动化平台的投入，如推出Turbo集成专业服务工具，打造统一的服务作业平台，支撑服务快速报价、海量订单履行管理、快速集中高效问题处理。我们期待与合作伙伴一起共同发展，为客户提供更好的服务，成为行业最可靠的服务伙伴。”

未来华为将持续以BDII（业务驱动的ICT基础架构）为行动纲领，坚持“聚焦”与“被集成”战略，携手客户和合作伙伴联合创新，助力政府及公共事业、金融、能源、交通、制造、教育、ISP等各行业客户转型与变革，为客户商业成功创造价值，引领新ICT时代。

相关链接

华为发布室内全联接解决方案　开启室内全联接体验时代

2016华为分析师大会期间，华为发布了室内全联接解决方案（ICS：Indoor Connected Solution），该方案可以提升室内移动业务体验，优化室内网络投资收益，同时提供室内增值服务实现网络管道增值，加速室内数字化进程。

随着移动数据业务的广泛应用，超过70%的业务发生在室内，如何提升室内用户体验是运营商赢得未来流量高地的关键。然而，快速发展的视频和OTT业务，对室内网络提出更高的要求，传统的室内覆盖方案，无法解决大容量、高密度、多元化业务场景下的用户体验；同时，室内导航、智能停车、智能办公等增值业务需求已经开始涌现，室内网络将成为运营商网络管道增值的最佳切入点。华为ICS借助网络精准规划、室内定位、IoT集成等能力，面向室内场景提供端到端解决方案，满足室内用户多元化业务需求。

华为室内全联接解决方案总经理梁世铭结合近两年华为的创新项目，诠释了ICS的内涵和价值。

2015年世界田径锦标赛在中国北京鸟巢开幕，近10万名观众出席，华为凭借超大容量规划经验和精准设计仿真能力，成为中国3家运营商建设4G网络的共同选择，成功保障了世锦赛期间的用户体验，下行峰值速率为104Mbps，数据流量是建网前的1.5倍，释放了原本被压抑的流量。

在2016年移动通信大会期间，在巴塞罗那主场馆，华为与沃达丰合作，为用户带来了极致业务体验，用户数同比翻番，流量同比增长9倍。除此之外，还为来宾演示了基于位置的应用服务，包括室内导航、精准消息推送、人流热力统计等，这些增值应用对运营商的企业用户非常重要。

在室内物联网方面，目前，华为正与杭州、加拿大等地运营商共同探索智慧停车场，通过移动网络为用户提供通信和车位预定、导航等服务，同时帮助业主提升停车场管理效率，增加营业收入。

华为将在室内全联接领域持续投入：一方面，建设ICS Open Lab，支持多业务、多厂商端到端解决方案的集成验证；另一方面，华为将继续加深与行业伙伴的合作，包括商业模式设计、技术联合开发、商业项目合作等，加速室内数字化进程，开启室内全联接体验时代。

第八章
华为，可持续发展的努力

导言：

华为在努力为社会创造经济效益，同时关注可持续发展的机遇与挑战，紧密与各利益相关方合作，持续完善自身的可持续发展管理，助力营造和谐的商业环境。

第一节　可持续发展的技术

绿色ICT技术

为客户提供高效、节能、环保的产品与解决方案，帮助客户降低运营成本，减少碳排放，是华为的使命和不懈追求。华为一直坚持将绿色环保要求融入产品的开发、生产、交付、运维等端到端过程中，并在产品研发方面持续投入和创新，确保所有产品都能够符合甚至超过相关法律法规和客户要求。

领先的绿色ICT技术

华为在提高产品能效、开发利用新能源方面持续创新，开发了多种节能产品和解决方案，帮助客户提高能效，降低碳排放。同时，华为积极在绿色技术创新方面与业界及各高校合作，并主导能效标准和相关技术规范的制定，推进业界绿色ICT技术创新和发展，提升节能减排竞争力和影响力。2014年12月ITU-T正式批准G.fast宽带标准，华为积极推动该技术的标准化和产品化，贡献了省电工作模式、多线对串扰抵消等多项G.fast核心技术。华为与行业各方协同，推进无线产品能效标准制定和完善，在ETSI、CCSA的基站、控制器、无线网络能效评估方法研究等标准项目中作为主要贡献者提供了多项提案，确保测试标准的准确性和可行性，促进移动网络能效的提升。

基于LCA的生态设计

华为是ICT行业中将生态环境影响评价标准化的领先者之一，尤其是在ICT设备的生命周期评估方法以及移动设备的生态评价（eco-rating）方面。2014年，华为积极贡献并促成了ITU和ETSI就ICT产品、网络和业务的环境影响评估方法标准达成一致，还参与了手机行业生态评估标准的制定和发展。

华为近年来一直使用Quick-LCA方法来进行产品设计的环境影响评估。2014年，华为进一步扩展该方法，并结合产品关键生态指标，提出了EcoSmart

方法来指导产品生态设计与开发过程。

环境友好的新型环保材料

环境友好的新型环保材料可以从源头间接减少对资源的消耗和对环境的破坏，在末端可以减少废弃物和处理废弃物所需的能耗，并拓宽材料的使用方式和领域，将负面环境影响降到最小。华为积极探索使用环境友好的新型环保材料，最大限度地减少对环境的影响。

绿色包装

华为在包装材料的选择、制造、使用和废弃等生命周期的各个环节都严格遵守环保要求，使用对生态环境和人类健康无害，能重复使用和再生，符合可持续发展要求的包装。华为通过开展绿色包装实践不仅能减少包装材料的使用，节约资源，也有助于减少二氧化碳排放。

华为制定了“6R1D”绿色包装策略，即以适度包装为核心的合理化设计（Right）、减量化（Reduce）、可反复周转（Returnable）、重复使用（Reuse）、材料循环再生（Recycle）、能量回收利用（Recovery）和可降解处置（Degradable）。

2014年，华为累计发货247193件绿色包装，节省木材44164立方米，减少二氧化碳排放19130吨。

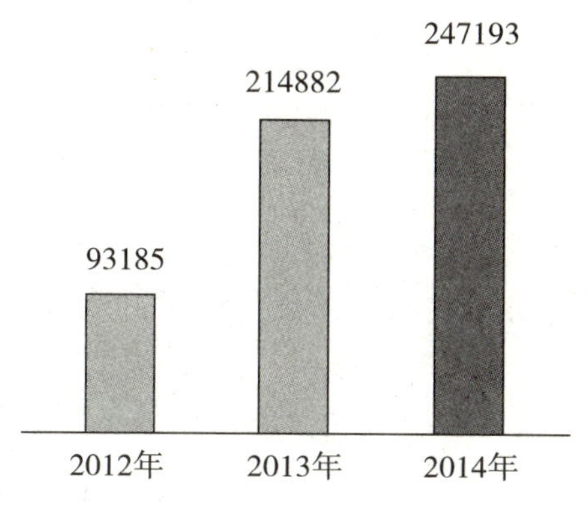

华为绿色包装发货量（件）

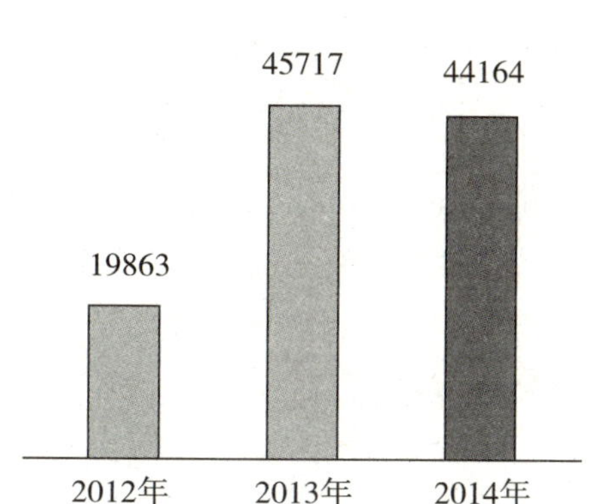

节约木材量（立方米）

绿色物流

绿色物流不仅可以降低运营成本，更重要的是可以减少能源消耗和降低对环境的污染，是华为端到端的绿色环保战略中的重要一环。

在运输过程中的燃油消耗和尾气排放，是物流活动造成环境污染的主要原因。华为在数据分析的基础上，开展绿色物流实践。我们对运输线路进行合理布局与规划，通过缩短运输路线，提高装载率等措施，实现节能减排的目标。2014年，华为主要通过以下措施，以减少碳排放，实现绿色物流。

引导运输方式降级	开发多样化运输方案	推行轻质托盘	提升集装箱利用率
审视运输方式，在满足发货计划的前提下将空运降级为海运	线路优化，采用低成本运输方案（海空，空卡，铁汽等联运模式），缩短运输周期，降低能耗	使用重量比普通托盘轻70%的轻质托盘，减少总体运输重量	减少小订单数量，同时通过运输计划运作，小订单拼柜海运，提升集装箱可利用率
成效	成效	成效	成效
运输方案降级共涉及478个批次。总计1759吨的物料从空运降级为海运	多样化运输方案涉及487个批次，1345吨物料从空运降级为多式联运	轻质托盘的总使用量为53000个，节省计费重量总计达208吨	2279个批次共计920吨货物，进行了拼柜海运发货

华为绿色物流的优点

助力绿色世界建设

随着环境污染、资源紧缺以及气候变化等问题的日益加剧，全球环境正面临着前所未有的挑战。对于ICT企业来说，ICT技术可以助力各行业大大提升效率，减少对资源的消耗，对于促进绿色世界建设发挥着关键作用。华为愿不断推广绿色ICT技术和解决方案，促进各个行业的节能减排，积极推动能源节约、环境友好的低碳社会建设。

华为研究发现，随着移动互联网高速发展，运营商能耗增长的速度远超收入增长速度，能耗收入比持续上升，影响到运营商利润。因此，向能耗要收益存在广阔的空间。

通过研究，华为将通信网络能源效率分解为通信设备和基础设施能效，从而使节能措施有的放矢；同时，提出了能效TOPN管理方法论，通过量化的科学管理手段，最大化网络能源效率，帮助运营商盈利。

通过华为领先的电源管理方案以及优化的温控方式，运营商的电源能耗及温控能耗节省空间可以达到40%～80%。

第二节　可持续发展的管理

减少自身能源消耗

华为通过导入能源管理体系、推进清洁能源的使用、开展技术和管理节能等手段，持续减少自身能源消耗和二氧化碳的排放。

华为继续深化能源管理工作，2014年全年能源消耗为14.8万吨标煤。虽然公司业务的增长及运营所在地总建筑面积的增加给能耗带来了挑战，但通过管理节能和技术节能，使得单位销售收入能耗下降了0.25%，2014年华为在中国区实现节电4300万度，相当于减少二氧化碳排放约4万吨。

华为重点开展能源管理系统建设，推进技术节能及实验室设备节能，降低运营过程中的能耗，它主要做了四个方面的工作，如下图所示。

深化能源管理工作

制定并落实节能目标，定期统计和分析能源数据，加强能源管理培训和节能宣传，提高员工的节能意识

完善电能计量和管理系统

全面开展电能管理系统建设及远程联网，建成全国设施运营管理中心，实现对各地用电数据的远程实时监测、统计分析和精细化管理

提升实验室节能管理

通过使用高效产品淘汰老旧直流电源，利用IT工具监控设备利用率；识别并清退长期空转设备，空调冷热通道封闭等措施，实现节电2600多万度，相当于减少二氧化碳排放2.3万吨

推进技术节能项目

推进照明节能改造（推广T5节能灯及LED光源、光控系统改造）、空调系统节能改造（冷冻站群控改造、冷凝器在线清洗、BA系统改造及远程联网）

华为在降低能耗方面的工作

2011—2014年，华为能耗消耗如下表所示。

2011—2014年能源消耗统计

能源名称	计量单位	2011年	2012年	2013年	2014年
天然气	万立方米	630	450	423	490.64
汽油	吨	1474	1543	1668	390
柴油	吨	67	48	60	46
电力	万千瓦时	71793	86885	94158	113235
建筑面积	万平方米	268	349	369	407

温室气体管理

华为将温室气体管理作为企业运营活动的一部分，基于ISO 14064国际标准来识别温室气体排放，并采取有效的节能减排行动。

基于温室气体的量化和分析，华为设定了未来5年内单位销售收入减排10%的目标。华为持续监测和改进温室气体管理绩效，并通过建立能源管理体系、开展节能项目、引入清洁能源等方式，减少自身碳足迹。

华为温室气体政策声明

建立持续改进的温室气体目标，定期进行内部审核和管理评审，不断监测和改进温室气体管理绩效。

在设计阶段全面导入绿色环保理念，改善产品的能效，降低产品在客户使用阶段的温室气体排放。

制定绿色、安全的采购策略，并努力对供应商的温室气体管理施加影响。

积极降低能源消耗，持续推行清洁生产，降低企业内部的温室气体排放。

各类温室气体排放量清单

华为各类温室气体排放量清单如下表所示。

各类温室气体排放量清单

温室气体	排放量（t-CO_2e）	占总排放量比例
CO_2	1051431.58	98.097%
CH_4	5938.10	0.554%
N_2O	44.85	0.004%
HFCs	14418.00	1.345%
PFCs	0.00	0.000%
SF_6	0.00	0.000%
6种温室气体排放量（吨）	1071832.53	100%

提高资源利用效率

随着社会经济的发展和人口的增加，人类对自然资源的消耗不断增加，超过了资源再生速度，如果我们当前不改变以往的资源消费模式，那么社会的可持续发展将难以维系。对于企业来说，资源问题也是企业面临的一个重大挑战，合理地、价值最大化地利用资源，是企业提高其自身竞争力和降低运营成本的关键。

水资源管理

华为非常重视水资源保护，并制定了节水目标，加强用水管理。通过调整用水结构，改进用水方式等，提高水的利用率，避免水资源的浪费。

华为运营活动用水主要涉及绿化用水、食堂用水、空调系统用水。在运营的过程中推行清洁生产技术，降低水消耗，实施节水措施，如雨水收集利用、循环使用冷却水、购买中水用于园区清洁绿化等等。

2014年，华为总用水量为548万立方米，比2013年增加53万立方米。用水量增加的主要原因为华为业务的增长及运营建筑面积的增加，相应地增加了用水需求。换算成单位面积耗水量，较2013年略有降低。

2014年，华为在新建项目中建造雨水收集系统，建设中水设施；合理利用中水等，提高水资源利用效率。

华为的废水排放主要是生活污水，各基地生活污水均排入市政污水厂处理，每年经过第三方监测，符合国家和地方标准。

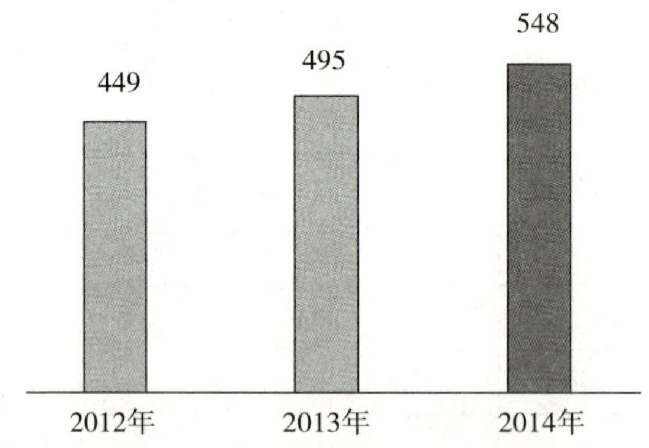

2012—2014年华为中国区耗水量（万立方米）

持续降低废弃物填埋率

华为严格遵守各国的废弃电子设备管理法规，推动废旧产品的回收及循环利用，减少废弃物填埋率。

2014年，华为全球共处理废弃物8089吨，其中97.63%实现回收再利用，只

有2.37%的废弃物采取符合环保法规要求的方式填埋处理。

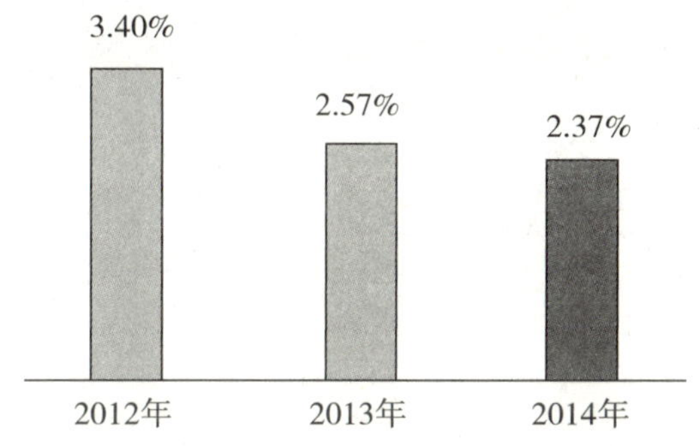

2012—2014年华为废弃物填埋率

循环经济

由于传统粗放型经济发展模式造成了资源短缺、环境污染等问题，循环经济商业模式越来越受到各方的关注。华为致力于实现资源系统化管理，采取各种创新方式提高资源利用效率，并将循环经济要素纳入产品生命周期管理，建立起循环经济商业模式，开展“摇篮到摇篮”的循环经济实践，实现资源可持续利用。

（1）面向循环经济的产品设计。

在产品设计阶段融入循环经济理念，是提高产品价值恢复率，减少环境污染的基础。华为通过平台化、模块化设计，在满足技术进步及网络演进的前提下，尽可能延长产品使用寿命，提高产品可靠性、可维修性及环保材料使用率等，挖掘产品的最大价值。

华为面向循环经济的产品设计要素如下图所示。

要素一	提高有价值器件的回收再利用比例，如通用、高价值器件（如PCB板上的通用芯片）的可回收及再利用设计
要素二	通过产品设计改进，从逆向回收转向高价值的再利用模式，如通过在PCB板上设计数据清空程序，在报废前清空信息，使PCB板由现有的销毁模式转为再销售模式
要素三	提升环保材料的使用比例，如以纸代木的包装、轻型的可循环使用的栈板、一体化无点胶的缓冲设计，减少填埋类材料使用率
要素四	推动产品材质单一化及提升产品可拆卸性，降低回收成本，提高回收收益

华为面向循环经济的产品设计要素

（2）迈向循环经济之路。

华为对逆向物料进行统一评估，根据物料的生命周期和质量状态等进行分类，能够继续使用的产品优先进入华为内部再利用渠道，如在研发、制造、备件、资产等环节进行再利用或进行二手竞价转售；无法再利用的产品则进入原材料再循环渠道，由有资质的回收厂商进行拆解和资源回收，最大化恢复产品价值。

【拓展阅读】IT 服务器再销售

IT服务器再销售

（1）对定制化程度较高的企业网IT产品进行退货，之前由于缺乏统一的典型配置编码导致需要采取拆解成部件的方式进行测试，这样会导致一些部件的报废。供应链逆向管理部联合IT产品线、NPI、质量等部门，建立覆盖各主要产品系列的可整机整测能力，以及内部研发、备件、资产等优先消耗退货的渠道、激

励机制，在保证质量的前提下，使产品部件得到充分利用。

（2）对于生命周期末端的IT产品，由之前的统一压碎、销毁的处理模式转变为整机通过性能测试、数据低级格式化，保障信息安全后，进行报废竞价变卖的模式，实现产品二次生命周期，减少自然资源消耗，也减少了填埋率及污染物的排放。

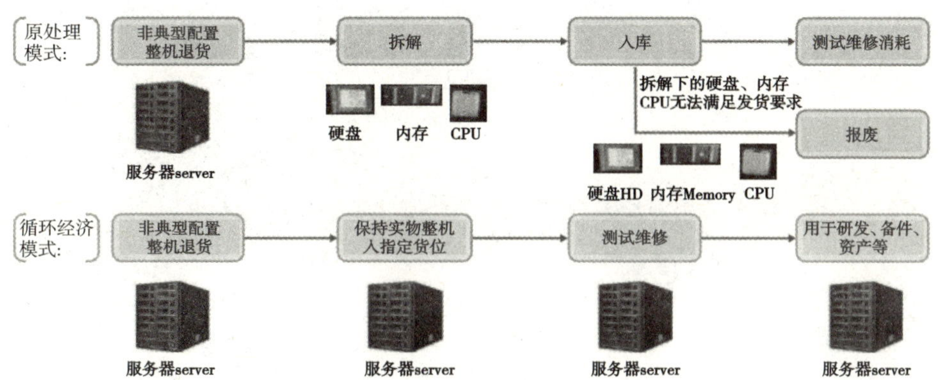

原处理模式与循环经济模式对比

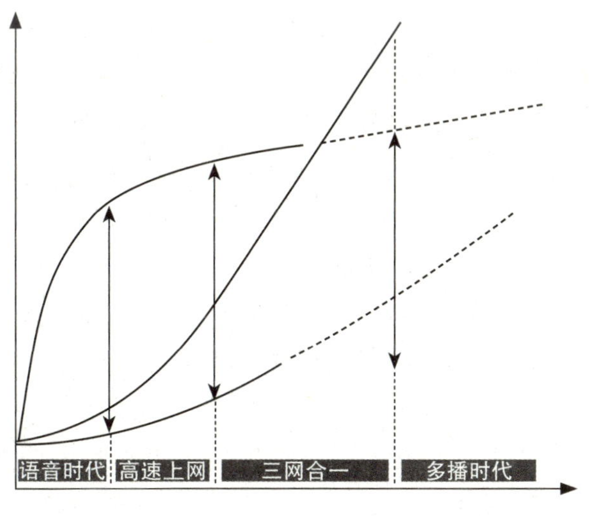

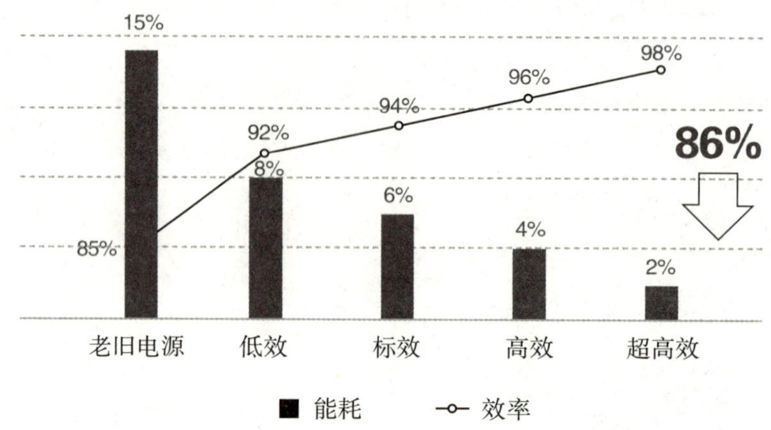

采用业界最先进的电源能减少80%以上损耗

承办国际电信联盟第四届绿色标准周，引领智慧城市可持续发展方向

华为承办的国际电信联盟（ITU）绿色标准周于2014年9月22日在北京正式拉开帷幕。这是国际电信联盟（ITU）首次在中国举办绿色标准周活动，ITU-T秘书长、ITU-TSG5主席、中国工信部及其他相关组织和亚太相关国家主管机构代表、运营商代表如NTT、Telefonia、Orange 等参加了本次会议。

与会专家围绕绿色ICT论坛、电子废弃物论坛、可持续智慧城市高级别论坛、电磁环境与可持续智慧城市论坛、ITU-TSG5亚太区域会议等论坛及会议展开讨论。其中，智慧城市建设成为各方讨论的重点。在这一领域，华为一直倡导建立可持续发展的智慧城市，提出了智慧政务、平安城市、智能交通、智慧园区、智慧医疗、智慧教育等解决方案，当前华为的智慧城市解决方案已经在全球100多个城市广泛应用。

通过本次ITU绿色标准周活动，华为充分探讨了具备可持续发展特征的智慧城市和建立可持续发展城市的方法，引领智慧城市可持续发展的方向，从而为绿色世界建设贡献力量。

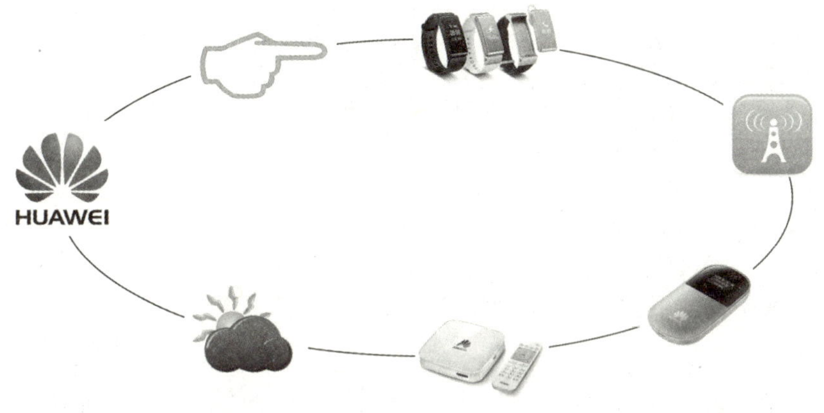

第九章
华为，狼性企业文化

导言：

任正非说过：“世界上一切资源都可能枯竭，只有一种资源可以生生不息，那就是文化。”正是因为华为的文化，才使得华为突出重围，登上第一的宝座。

第一节　华为的企业文化

企业标识

华为的企业标识在保持原有标识蓬勃向上、积极进取的基础上，更加聚焦、创新、稳健、和谐，充分体现了华为将继续保持积极进取的精神，通过持续的创新，支持客户实现网络转型并不断推出有竞争力的业务。

华为LOGO

什么是华为的企业文化

2012年，华为总结出“以客户为中心，以奋斗者为本”的企业文化，包含了四个方面，如下图所示。

方面一　民族文化、政治文化的企业化

华为把中国共产党的最低纲领分解为可操作的标准，来约束和发展企业中高层管理者，以中高层管理者的行为带动全体员工的进步。在号召员工向雷锋、焦裕禄学习的同时，又奉行决不让“雷锋”吃亏的原则，坚持以物质文明来形成千百个“雷锋”成长且源远流长的政策

方面二　双重利益驱动

坚持为祖国昌盛、为民族振兴、为家庭幸福而努力奋斗的双重利益驱动原则

方面三 同甘共苦，荣辱与共

团结协作、集体奋斗是华为企业文化之魂。成功是集体努力的结果，失败是集体的责任，不将成绩归于个人，也不把失败视为个人的责任；一律同甘共苦，除了工作上的差异外，华为人在工作和生活中，上下平等，不平等的部分用工资形式体现。彰显了自强不息，荣辱与共，胜则举杯相庆，败则拼死相救的团结协作精神

方面四 是《华为基本法》所总结的七条核心价值观

华为的企业文化

核心价值观

华为核心价值观的六方面内容

华为的核心价值观包含六个方面，如下图所示。

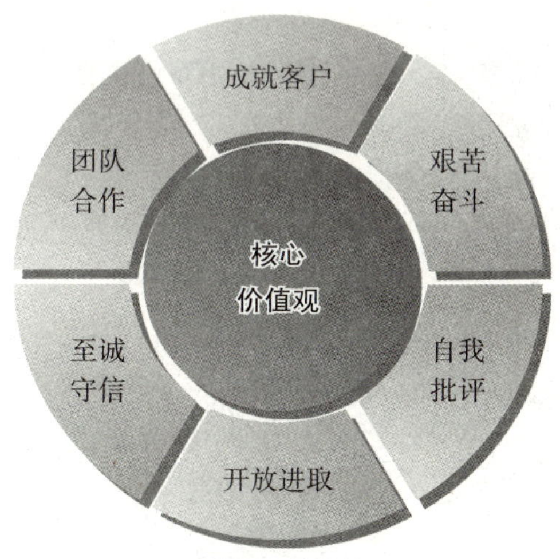

华为的核心价值观

（1）成就客户。

为客户服务是华为存在的唯一理由，客户需求是华为发展的原动力。华为坚持以客户为中心，快速响应客户需求，持续为客户创造长期价值进而成就客户。为客户提供有效服务，是华为工作的方向和价值评价的标尺，成就客户就是成就自己。

（2）艰苦奋斗。

华为没有任何稀缺的资源可依赖，唯有艰苦奋斗才能赢得客户的尊重和信赖。奋斗体现在为客户创造价值的任何微小活动中，以及在劳动的准备过程中为充实自己、提高自己而做的努力。坚持以奋斗者为本，使奋斗者获得合理的回报。

（3）自我批判。

自我批判的目的是不断进步，不断改进，而不是自我否定。只有坚持自我批判，才能倾听、扬弃和持续超越，才能更容易尊重他人和与他人合作，实现客户、公司、团队和个人的共同发展。

（4）开放进取。

为了更好地满足客户需求，华为积极进取、勇于开拓，坚持开放与创新。任何先进的技术、产品、解决方案和业务管理，只有转化为商业成果才能产生价值。华为坚持客户需求导向，并围绕客户需求持续创新。

（5）至诚守信。

华为只有内心坦荡诚恳，才能言出必行，信守承诺。诚信是华为最重要的无形资产，华为坚持以诚信赢得客户。

（6）团队合作。

胜则举杯相庆，败则拼死相救。团队合作不仅是跨文化的群体协作精神，也是打破部门墙、提升流程效率的有力保障。

在《华为基本法》中的体现

华为的核心价值观体现在《华为基本法》的前七条，包含七个关键词，具体如下页图所示。

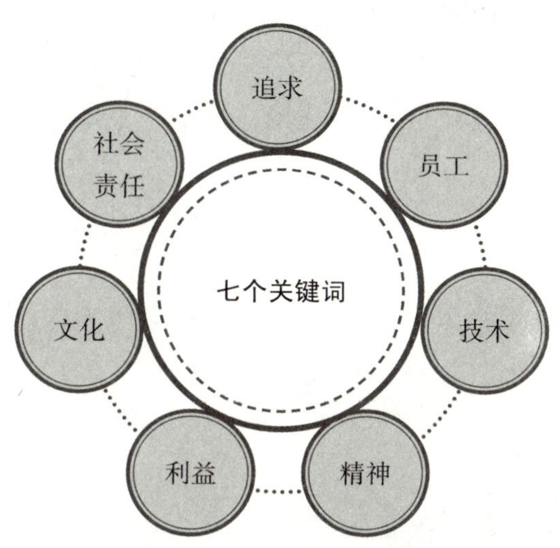

华为核心价值观的七个关键词

（1）追求。

即《华为基本法》的第一条。

华为的追求是在电子信息领域实现顾客的梦想，并依靠点点滴滴、锲而不舍的艰苦追求，使我们成为世界级的领先企业。

为了使华为成为世界一流的设备供应商，我们将永不进入信息服务业。通过无依赖的市场压力传递，使内部机制永远处于激活状态。

（2）员工。

即《华为基本法》的第二条。

认真负责和管理有效的员工是华为最大的财富。尊重知识、尊重个性、集体奋斗和不迁就有功的员工，是我们事业可持续成长的内在要求。

（3）技术。

即《华为基本法》的第三条。

广泛吸收世界电子信息领域的最新研究成果，虚心向国内外优秀企业学习，在独立自主的基础上，开放合作地发展领先的核心技术体系，用我们卓越的产品自立于世界通信列强之林。

（4）精神。

即《华为基本法》的第四条。

爱祖国、爱人民、爱事业和爱生活是我们凝聚力的源泉。责任意识、创新精神、敬业精神与团结合作精神是我们企业文化的精髓。实事求是是我们行为的准则。

（5）利益。

即《华为基本法》的第五条。

华为主张在顾客、员工与合作者之间结成利益共同体。努力探索按生产要素分配的内部动力机制。我们决不让“雷锋”吃亏，奉献者定当得到合理的回报。

（6）文化。

即《华为基本法》的第六条。

资源是会枯竭的，唯有文化才会生生不息。一切工业产品都是人类智慧创造的。华为没有可以依存的自然资源，唯有在人的头脑中挖掘出大油田、大森林、大煤矿……精神是可以转化成物质的，物质文明有利于巩固精神文明。我们坚持以精神文明促进物质文明的方针。

这里的文化，不仅仅包含知识、技术、管理、情操……也包含了一切促进生产力发展的无形因素。

（7）社会责任。

即《华为基本法》的第七条。

华为以产业报国和科教兴国为己任，以公司的发展为所在社区做出贡献。为伟大祖国的繁荣昌盛，为中华民族的振兴，为自己和家人的幸福而不懈努力。

《华为基本法》简介

《华为基本法》从1995年萌芽，到1996年正式定位为“管理大纲”，到1998年3月审议通过，历时数年。这期间华为也经历了巨变，从1995年的销售额14亿元、员工800多人，到1996年的销售额26亿元，再到1997年的销售额41亿元、员工

5600人。而截至2014年年底，华为年销售额为2890亿元，海外业务占比70%。

内容大纲：

第一章　公司宗旨

- 核心价值观
- 基本目标
- 公司的成长
- 价值的分配

第二章　基本经营政策

- 经营重心
- 研究与开发
- 市场营销
- 生产方式

第三章　基本组织政策

- 基本原则
- 组织结构
- 高层管理组织

第四章　基本人力资源政策

- 人力资源管理准则
- 员工的义务和权利
- 考核与评价
- 人力资源管理的主要规范

第五章　基本控制政策

- 控制方针
- 保证体系
- 预算控制
- 成本控制
- 业务流程
- 项目管理
- 审计制度

• 事业部控制
• 危机管理
第六章　修订法
• 修订法
• 诞生背景
• 流行原因
• 作用意义

第二节　华为理念

华为的狼性企业文化

华为非常崇尚狼，认为狼是企业学习的榜样，要向狼学习狼性，狼性永远不会过时。

狼的三大特性

任正非说：发展中的企业犹如一只饥饿的野狼。狼有最显著的三大特性：一是敏锐的嗅觉；二是不屈不挠、奋不顾身、永不疲倦的进攻精神；三是群体奋斗的意识。同样，一个企业要想扩张，也必须具备狼的这三个特性。

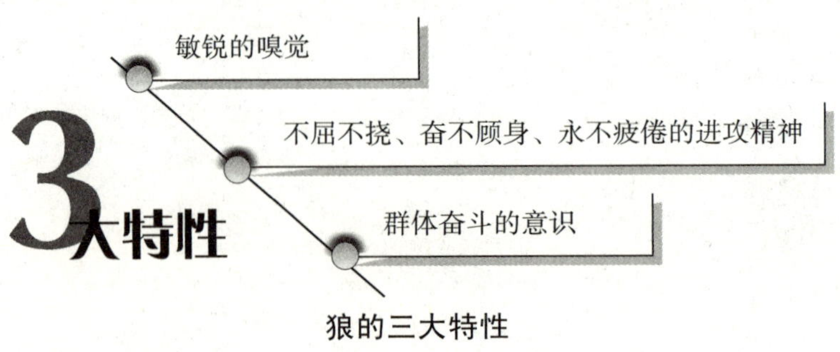

狼的三大特性

华为的狼性文化

作为最重要的团队精神之一，华为的狼性文化可以用这样的几个词语来概括：学习、创新、获益、团结。

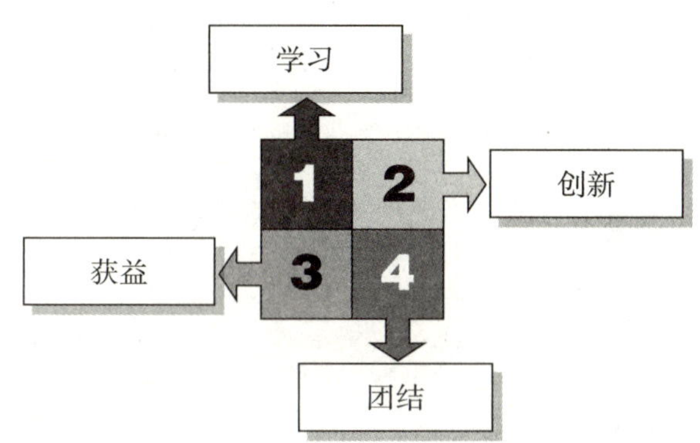

华为的狼性文化的特点

用狼性文化来说，学习和创新代表敏锐的嗅觉，获益代表进攻精神，而团结就代表群体奋斗精神。

狼能够在比自己凶猛强壮的动物面前获得最终的胜利，原因只有一个：团结。即使再强大的动物恐怕也很难招架得了一群早已将生死置之度外的狼群的攻击。所以说，华为团队精神的核心就是互助。

华为企业文化生生不息

任正非创建了生生不息的华为文化，以企业文化为先导来经营企业，是任正非的基本理念，通过他的一些讲话可以帮助我们理解华为文化的内涵。任正非认为资源是会枯竭的，唯有文化才能生生不息。他说："人类所占有的物质资源是有限的，总有一天石油、煤炭、森林、铁矿会开采光，而唯有知识会越来越多。以色列这个国家是我们学习的榜样。一个离散了两个世纪的犹太民族，在重返家园后，他们在资源严重贫乏，严重缺水的荒漠上，创造了令人难以相信的奇迹。他们的资源就是有聪明的脑袋，他们是靠精神和文化的力量，创造了世界奇迹。"

华为的核心理念

华为的核心理念包括四个关键词：聚焦、创新、稳健、和谐，具体如下图所示。

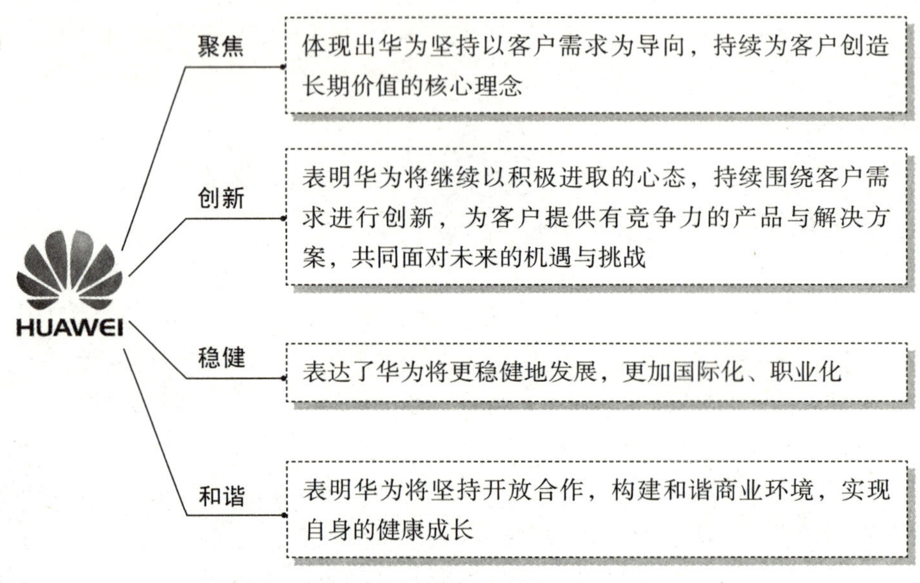

华为的核心理念

华为的企业精神

华为的企业精神主要体现在以下三个方面，如下图所示。

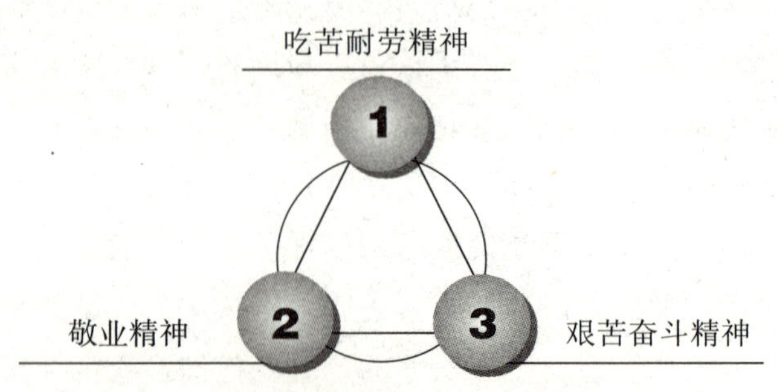

华为的企业精神的三个方面

吃苦耐劳精神

几乎每个华为人都备有一张床垫，卷放在各自的储物柜的底层或办公桌、计算机台的底下，外人从整齐的办公环境中很难发现这个细节。午休的时候，席地而卧，方便而适用。晚上加班，很多人不回宿舍，就着这一张床垫，累了睡，醒了再爬起来干，黑白相继，没日没夜。可以说，一张床垫半个家，华为人是携着这样一张张床垫走过曾经8年创业的艰辛。颜色各异、新旧杂陈的一张张床垫，承载着华为人共同的梦想。

床垫文化的含义也从早期华为人身体上的艰苦奋斗发展到现在思想上的艰苦奋斗，构成华为文化一道独特的风景。

敬业精神

什么人能做好工作？就是要有强烈的敬业精神，有献身精神的人，华为努力去发现这样的人。不具备华为文化，又不努力去学习华为文化，就不会成为这样的人。

艰苦奋斗精神

华为公司提倡思想上艰苦奋斗。思想上如何去艰苦奋斗呢？提高思想，提高认识，不断地学习，思想不断进步，这应该是艰苦奋斗吧，然而细想一下，这似乎还不够，还只是一般性的思想进步。怎样才算是艰苦奋斗呢？艰苦奋斗还应有一个目标，应该是不断地超越自我。在体育比赛中，获得冠军的人不会是因为他跳得很高，跑得很快，而应是在所有人中跳得最高，跑得最快。然而这个纪录如果他自己不去创新，那么过不了多久，就会被别人刷新。思想上的艰苦奋斗除了横向的比较外，还应该与自己进行纵向比较。你的思想不提高，别人的思想就会超过你，只有不断地超越自我，思想进步最快，这才算是思想上的艰苦奋斗。

第三节　华为的愿景使命

华为愿景

华为的愿景是丰富人们的沟通和生活。

华为使命

华为的使命是聚焦客户关注的挑战和压力，提供有竞争力的通信解决方案和服务，持续为客户创造最大价值。

华为战略

华为秉承以客户为中心的战略，主要表现在以下几个方面。

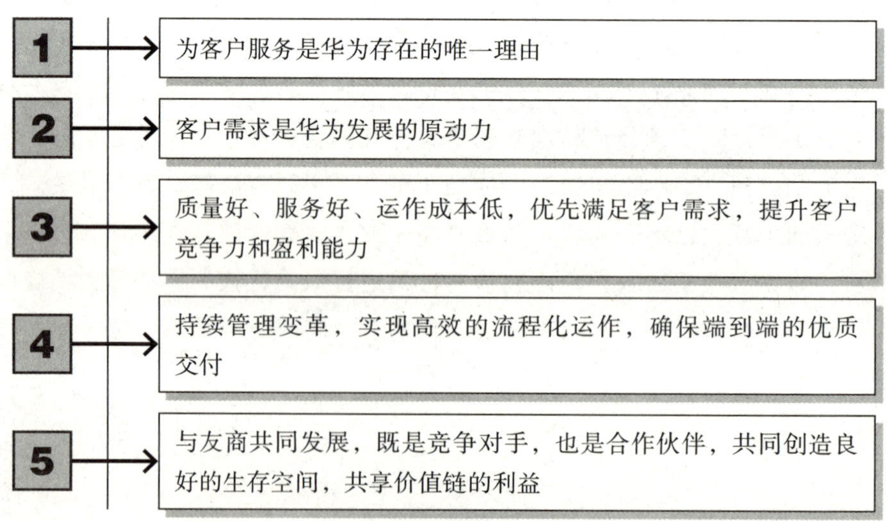

华为战略的五个方面

相关链接

华为成功的秘密是什么？外媒称是企业文化

如今，华为是91家跻身福布斯全球500强的中国内地企业中唯一一家海外收入超过本国业务收入的公司。2005年，华为海外市场收入首次超过国内市场收入。2012年，华为的销售收入和净利润均超过了爱立信，成为全球电信和网络领导者。几年来，它一直保持这一良好势头。华为2014财年销售收入为465亿美元，净利润达到44.9亿美元，均创历史新高。

华为如此成功，秘密是什么？成功往往由多个因素促成。像许多优秀公司一样，华为的成功源自能彰显其文化的特定价值观。

成就客户

优秀领袖都会为其员工提出明确的奋斗目标，任正非也不例外。他将客户放在首位。许多公司都宣扬以客户为中心的理念，但又有多少公司真正把这一理念落到了实处？正因为真正做到了以客户为中心，华为在竞争中脱颖而出。任正非在华为创立之初就要求员工眼睛盯着客户，屁股对准主管。举例来说，几年前，摩根士丹利投资公司的首席经济学家Stephen Roach曾带领机构投资者代表团造访了华为深圳总部。风险投资者造访华为，通常是希望投资华为。任正非委派研发体系执行副总裁费敏接待了这个代表团。后来Roach失望地说："我们能为他带来3万亿美元的投资，他竟然不见我们。"任正非对此事的解释表明了他的心声，他说不论公司多小，如果是客户，他都会接待，但Roach不是客户。

另一个能体现华为"成就客户"理念的例子也是公司初创时期的传奇故事。在中国偏远的农村地区，老鼠经常咬断电信线路，客户的网络连接因此中断。当时，提供服务的跨国电信公司都认为这不是它们该负责的问题，而是客户自己要解决的问题。但华为认为这是华为需要想办法解决的问题。此举让华为在开发防啃咬线路等坚固、结实的设备和材料方面积累了丰富的经验。

华为也经历了一些需克服严峻气候挑战的项目，如，在喜马拉雅山珠穆朗玛峰6500米处安装全球最高的无线通信基站、在北极圈内部署首个GSM网络等等。还有一些项目也让华为积累了经验。例如，华为在欧洲拓展3G市场时发现，欧洲运营商希望基站能占地更小、更易于安装、更环保、更节能且覆盖范围更广。基于这些要求，华为成为首家提出分布式基站概念的公司。这种新式基站使为大型网络设计的无线接入技术也同样适用于小型专用网络。这一创新降低了运营商部署基站的成本，因此迅速风靡欧洲。

艰苦奋斗

华为强调唯有艰苦奋斗才能获得机会。举例来说，华为成立初期，公司给每位新员工提供一床毛巾被和一个床垫。这样一来，许多加班到深夜的员工就可在办公室睡觉，而第二天中午他们也可在公司午休。华为一位员工曾说："过去，垫子是努力工作的象征，这一理念今天已经演变为将每项工作都做到极致的奋斗精神。"

员工艰苦奋斗能使公司更具竞争力，这一理念并不难理解。但华为要弘扬艰苦奋斗的精神，让每位员工都能接受这一价值观却并非易事。华为将价值观的落实纳入员工激励体系。华为不是一家上市公司，而是由员工持股。华为2014年年报显示，任正非拥有公司接近1.4%的股份，82471名员工持有剩余股份。这种员工持股机制被称为"银手铐"，它与更常见的"金手铐"——期权制度有所不同。员工持股制度背后的理念是任正非想与员工分担责任、分享利益，让大家"一起做老板，共同打天下"。然而，值得一提的是，只有绩效优异的员工才有资格获得股份。

有学者认为，上市将导致小部分人变得非常富裕，而大多数员工会失去工作动力。华为坚持不上市，并长期实行目前的员工持股制度，有助于确保公司始终坚持以集体奋斗为导向的价值观。

高瞻远瞩

员工持股制度不仅能助力华为吸引并留住艰苦奋斗的员工，还能使公司做出长远规划。任正非认为这一制度也能让员工朝着他们的目标和公司愿景不断努力。例如，华为通常制定5～10年的发展方案，而爱立信和摩托罗拉等大多数华为友商则按照财政季度或财政年度制订计划。民营企业的身份让华为可以制定10年的发展规划，而其友商则需竭力应对资本市场的各种短期变动。

例如，华为引入了轮值CEO制度，在此制度下，由3名副董事长轮流担任CEO，轮值期为6个月。同时，任正非扮演导师和教练的角色，在重大决策上

行使否决权和弹劾权。这种创新的管理结构是从《会飞的水牛》（Flight of the Buffalo，作者James Belasco、Ralph Stayer）一书中获得的灵感。在这样的管理体系下，3位轮值CEO轮流带领常务董事会履行日常公司管理的职责，很难想象这样的制度如果用在上市公司会发生什么事情。

审慎决策

任正非一向不主张在重大战略上快速决策，他总是迫使自己多花时间进行反思。华为公司也是如此。这样的决策风格也是由公司的员工持股制度所决定的。员工持股制度能确保决策权处于公司控制之下，任何外部投资者都无权左右公司决策。华为在制定未来规划时有更大的自由度，受市场的影响也更小。而轮值CEO制度也有助于实现更审慎、更民主的公司决策。

华为还强调“思考的力量”。华为的哲学是“思考能力是一家公司最可贵的品质”。例如，华为确保知识交流成为公司的例行活动。每个办公室都陈列着各类书籍，鼓励高管阅读他们专业之外的书籍。公司还不断将任正非和高管的思想传达给每位员工。然而，更重要的是，公司也及时收集员工的反馈，完善高层思想和公司的各项决策，这样的举措彰显了中国本土公司的国际化特征。

许多人都知道任正非曾在部队服役。他曾是一名中国人民解放军军官，他认为这段经历培养了他努力奋斗的良好品质，这一品质从华为初创时期他最喜欢的口号——“胜则举杯相庆，败则拼死相救”中也能体现出来。迄今为止，华为有很多值得称赞的成功经历。

相关链接 》》

华为动物哲学：狼性文化、乌龟精神、眼镜蛇特质

提到华为，许多人便想到狼性文化，甚至误认为是狼性文化促使华为在世界企业之林崛起，但是殊不知，华为狼性文化的背后，还有另外两种动物精神隐现——乌龟精神和眼镜蛇特质。

其中，乌龟精神已经散见于华为总裁任正非的公开与非公开讲话中，也真正被贯彻到华为的战略与执行中。眼镜蛇特质，则是任正非近年来深入思考并逐渐开始在华为推行的内容，在此前的中国媒体见面会中，这位被誉为“最神秘的中国商人企业”向包括《第一财经日报》在内的多家媒体表示，时代变化太快，流程管理都是僵化的，要跟上时代变化。找到一种模式，普适是不可能的。

因此，除狼性文化以及乌龟精神外，任正非又对外阐述了华为管理组织要像眼镜蛇——头部可以灵活转动，一旦发现觅食或进攻对象，整个身体的行动十分敏捷。

生存：狼性文化

华为的狼性文化究竟是什么，它是如何打造和保持的？

2001年，任正非发表《华为的冬天》，他把狼性文化定义为偏执的危机感、拼命精神、平等、直言不讳、压强原则，让公众首次认识了华为的狼性文化。

《华为基本法》的起草者之一吴春波教授曾经撰文表示，在中国，信奉狼性文化的企业不少，但多有误解。

“华为的狼性其实是敏锐的嗅觉，是对客户、市场的关注。许多企业倒下，常常是因为对客户傲慢，但华为一直秉承的基本原则是：永远做乙方，永远以乙方的心态面对大大小小的客户。华为在规模小的时候对客户保持敬畏，但当其体量已经超越它的客户时，依然对自己的客户保持敬畏。”在吴春波看来，在华为，全体员工永远追求屁股对着老板、眼睛盯着客户，感知客户、市场、精神追求的变化。一旦闻到肉味、看到机会就本能地扑上去，这就是本能的进攻，不开会、不讨论、不沟通。

有一个例子是，一家国际知名的日本电子企业领袖震惊于华为的接待能力，他称之为“世界一流”。华为的客户关系在华为被总结为“一五一工程”，即：一支队伍、五个手段、一个资料库，其中五个手段是“参观公司、参观样板店、现场会、技术交流、管理和经营研究”。客户的服务在华为是一个系统，华为几乎所有部门都会参与进来，假设没有团队精神不可想象一个完整的客户服务流程能够顺利完成。

此外，如何使队伍不堕落、不懈怠，保持狼性和奋斗精神，华为有自己的一套批判精神。

2000年，华为虽然继续保持高速增长的势头，销售额达220亿元，并以29亿

元的利润居国内行业之首，但深感美国IT业泡沫消退的危机，任正非于当年10月撰写了2001年十大管理要点，并指出华为或将面临最困难的一年。那时的任正非已经认识到内部管理在华为前进中的巨大影响，并将这一影响转化为危机意识传递到了基层。第二年华为便在深圳蛇口风华影院召开千人干部大会，任正非逐条讲解管理要点，此后有了名声大噪的《华为的冬天》一文。任正非曾表示，外界都说华为公司是危机管理，其实这只是假设。“诚惶诚恐不可能成功。”

任正非强调，思想家的作用就是假设，只有有正确的假设，才有正确的思想；只有有正确的思想，才有正确的方向；只有有正确的方向，才有正确的理论；只有有正确的理论，才有正确的战略。

“我们公司前段时间挺骄傲的，大家以为我们是处在行业领先位置。但是用了半年时间做了战略沙盘，才发现在全世界市场的重大机会点我们占不到10%，弟兄们的优越感就没有了。知道如何努力了，这就是假设——假设未来的方向。”在任正非看来，自我批判不是为批判而批判，也不是为全面否定而批判，而是为优化和建设而批判，总的目标是要提升公司整体的核心竞争力。

追赶：乌龟精神

自我批判是拯救公司最重要的行为，但随着国际市场的开拓和全球竞争的展开，华为的决策管理者却更多地开始谈论乌龟精神。

任正非认为，华为这只“大乌龟”25年来一直在艰苦地爬行，而一抬头看到的是“龙飞船”——特斯拉。任正非高度赞扬了特斯拉的创新精神，自比华为为宝马，认为“宝马应学习特斯拉”。

“不断涌现颠覆性创新的信息社会中，华为能不能继续生存下来？不管你怎么想，这是一个摆在你面前的问题。我们用了25年的时间建立起一个优质的平台，拥有一定的资源，这些优质资源是多少高级干部及专家花费了多少钱，才积累起来的，是宝贵的财富。我们珍惜这些失败积累起来的成功，如果不故步自封，敢于打破自己既得的坛坛罐罐，敢于去拥抱新事物，华为不一定会落后。”任正非说。

在任正非的眼中，理想的乌龟精神的实践，是发现一个战略机会点，华为随即能够千军万马压上去，后发式追赶。

不过，对于体量大的华为而言，与小公司创新的区别在于，能够用投资的方式，而不仅仅是以人力的方式，把资源堆上去。

他承认，人是后发式追赶中最宝贵的因素，“不保守、勇于打破目前既得优势，开放式追赶时代潮流的华为人，是最宝贵的基础。”如是，华为就有可能追上特斯拉。

事实上，在ICT领域，技术和商业范式的巨变令人始料不及。从过去的北电网络，到不久前的诺基亚，巨人衰败甚至倒下的案例并不鲜见。

就华为和爱立信的竞争而言，从战略方向的比较和财务数据的佐证可以看出，退出手机终端业务，出售光接入业务，专注移动宽带、网络服务和运营支持解决方案三大领域的核心，爱立信近年一直在集聚内敛，放弃部分低利润率市场的份额，将资源集中于高附加值领域。在主干业务上，爱立信依然是全球最大的通信设备制造商。

反观华为，则在更多地扩张。从传统通信设备领域出发，加大了对企业网络搭建与服务，以及智能手机制造方面的投入。虽然处在相同行业，但因起点、阶段、资源以及内外环境的不同，华为和爱立信的战略难说高下。

更重要的是，进入顶级竞争阶段，效率成为关键，而华为在此方面仍有差距。任正非坦言，“与爱立信对比，爱立信管理1万人，而我们是3万人，多出2万人，就多了30亿美元的消耗，几乎相同的收入规模意味着华为的单位人均产出更低。”

ICT是个“大行业”，华为清楚地认识到在这样的行业竞争中，资源的可贵和对手的强大。这也是任正非所说的“能力有限”的原因所在。

华为消费者BG公布2014年上半年终端发货数据：手机、移动宽带业务及家庭终端共计发货6421万台，其中智能手机发货量3427万台，同比增长62%。华为此前也公布了2014年上半年度经营业绩。据数据显示，2014年上半年，华为实现销售收入1358亿元人民币，同比增长19%；营业利润率为18.3%。

面对一片大好形势，华为CEO任正非仍然强调的是“聚焦”，“我们只可能在针尖大的领域里领先美国公司，如果扩展到火柴头或小木棒这么大，就绝不可能实现这种超越。”任正非在年报致辞中这样比喻。

变阵：眼镜蛇特质

除了狼性文化、乌龟精神，华为也在今年开始了管理组织的“蛇形”变阵。

2014年6月16日，任正非出现在深圳华为总部“蓝血十杰”的会议上，这是华为管理体系建设的最高荣誉奖的颁奖现场。而不为外人所知的是，在会上任正非邀请过往在华为做出过突出贡献的华为人为目前的管理“诊脉”，以期让华为的组织架构变得更加灵活。

“时代变化太快，流程管理都是僵化的，要跟上时代变化。要找到一种模式，普适是不可能的。”任正非会后表示，华为需要实现流程化，就像一条蛇，蛇头不断随需求摆动，身子的每个关节都用流程连接好了。蛇头转过来后，组织管理就能跟得上变化；如果没有流程化，蛇头转过去，后面就断了，为了修复这个断节，成本会很高。流程化就是简化管理，简化服务与成本。

据华为高管透露，华为的目标是通过3～5年的努力，管理体系逐步过渡到以项目为主、功能为辅的强矩阵结构，而不是完全项目化的运作。

据了解，华为公司系统侧设备的增长速度正在放缓。2013年，固网和电软核呈现负增长趋势，无线由于LTE的发展，实现了9%左右的增长。但可以看到，虽然设备增长放缓，但华为整个服务的增长却达到了24%。在华为看来，价值正在从设备向服务和软件转移，而服务和软件都是以项目为驱动的。此外，交付项目数量众多且大项目仍在增长。

“面对这么多项目，如果没有一个好的项目经营管理体系来支撑，是不可能做好公司整体经营管理的。”华为高管在内部讲话中提出。

“眼镜蛇的头部就像我们业务前端的项目经营，而其灵活运转、为捕捉机会提供支撑的骨骼系统，则正如我们的管理支撑体系，这就是公司未来管理体系的基本架构。”华为方面进一步解释说。具体而言，以项目为中心就是指组织级的项目管理，通过成熟的组织级项目管理方法、流程和最佳实践，充分发挥代表处的灵活性、主动性，使代表处的经营活动标准化、流程化，使经营管理向可预测、可管理和可自我约束的方向发展，从而提升运营效率和盈利能力。

“其实就是要激发一线活力，提高运营效率，这也是我们提出以项目为中心的根本诉求。”华为一名高管说。

第十章
华为，社会责任的思考

导言：

华为董事长孙亚芳曾表示：“企业只有把自身的核心价值观、经营责任与履行社会责任有机、合理地结合起来，并坚持下去，不追求短期利益，企业才有可能存活下来持续发展，也才有可能持续为社会做出贡献。”

第一节　公益事业

华为爱心协会

华为员工通过各种方式，积极为创建可持续发展及和谐环境贡献力量，建立了一个叫作“爱心协会”的员工组织，鼓励员工在休闲时间参与社区服务和进行慈善捐助。协会以“让爱心成为一种习惯”为宗旨，致力于赈灾救助，救助残疾、贫困儿童和关爱老年人。

未来种子

未来种子（Seeds for the future）是华为全球CSR旗舰项目，是华为在全球投入最大，并将长期持续投入的CSR活动。该项目由华为于2008年发起，旨在帮助培养本地ICT人才，推动知识迁移，提升人们对于电信行业的了解和兴趣，并鼓励各国家及地区参与到建立数字化社区的工作中。

目前，华为公司已在英国、法国、德国、西班牙、匈牙利、比利时等近30个国家成功开展此项目，受益学生逾10000名，合作院校逾70所。

春露行动

2010年中国西南旱灾期间，爱心协会启动了主题为“捐赠一瓶水，传递无限爱”的春露行动，得到员工的积极响应，共计向西南旱区五省捐款近70万元。西南区5个代表处员工给灾区人员送温暖：捐赠给兴义市泥函镇学校和全镇7个村的村民1973箱矿泉水，捐赠给武隆县白马镇板桥山区小学160套文具、鞋、运动服等日用品，捐赠给马山县古寨乡4.5万公斤大米。

“为爱奔跑”

2014年11月，华为心声社区举办首届“为爱奔跑”活动，这次活动，爱心协会、心声社区共计给四川凉山的孩子们送去420袋大米，每袋48斤、105元，发票税点3%，共计金额45423元。

2014年12月4日，爱心协会成员亲自将大米送到孩子们手里。

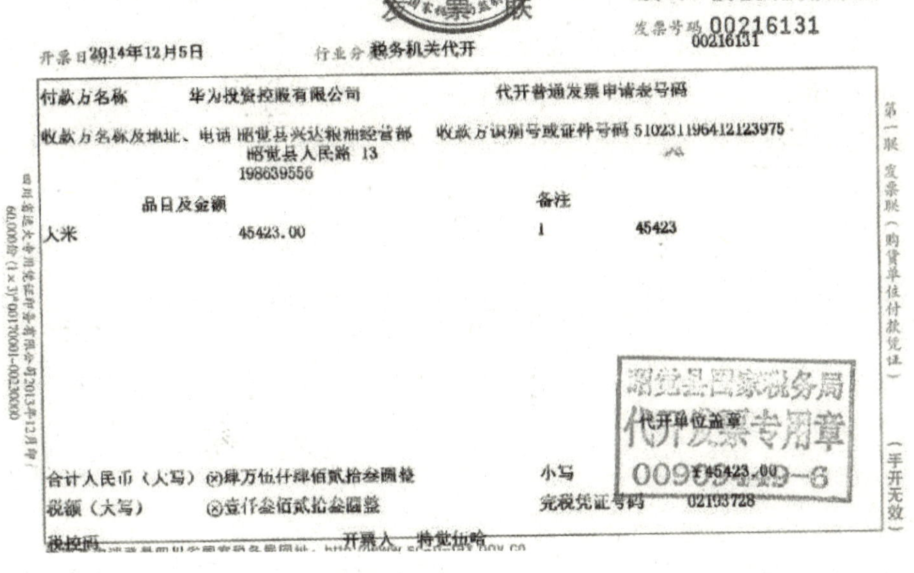
四川省凉山州国家税务局通用机打发票

发票联

发票代码 151341313003

发票号码 00216131

00216131

开票日期 2014年12月5日　　行业分类 税务机关代开

付款方名称　华为投资控股有限公司　　代开普通发票申请表号码

收款方名称及地址、电话 昭觉县兴达粮油经营部 昭觉县人民路 13 198639556　　收款方识别号或证件号码 510231196412123975

品目及金额　　备注

大米　45423.00　　1　45423

合计人民币（大写）⊗肆万伍仟肆佰贰拾叁圆整　　小写 ¥45423.00

税额（大写）⊗壹仟叁佰贰拾叁圆整　　完税凭证号码 02193728

代开单位盖章

昭觉县国家税务局 代开发票专用章

税控码　　开票人 特觉仙哈

第一联 发票联（购货单位付款凭证）

（手开无效）

华为首届“为爱奔跑”活动发票

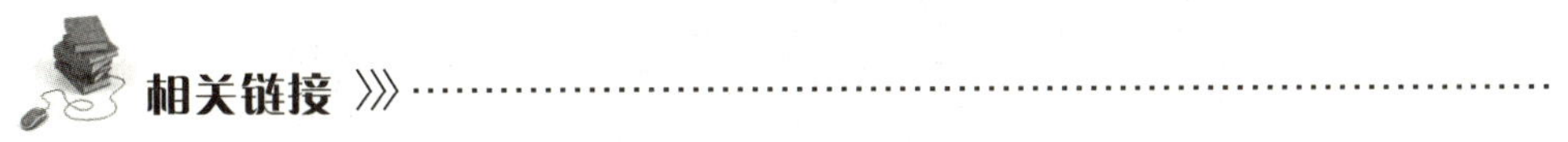

2014年华为全球公益活动概览

日本： 圆满举办“慈善接力马拉松2014”活动；携手生活东新小岩居委会成功举办盂兰盆舞大会，积极支持开展东北重建支援活动。

中国： 华为与欧盟联合举办2014年InnoApps创新大赛。

巴基斯坦：与FAST国立计算机与新兴科学大学签署华为授权学习伙伴（HALP）合作MOU，进一步扩大培训合作和认证范围。

阿联酋：为残疾人爱心学校捐赠电脑教室，市政部副部长盛赞华为。

沙特：向沙特知名的石油大学捐赠ICT设施并建立联合实验室，为该校1200多名学生的学业提供便利。

柬埔寨：向红十字会提供捐赠，支持柬埔寨的扶贫及教育事业发展，红十字会主席给以高度的赞扬与感谢。

马来西亚：华为在马来西亚国油大学成立华为大学教学实验室（HUTL）。

摩洛哥：成功举办ICT大学GENI论坛揭幕仪式，高教科研与培训部长出席并公开褒奖。

加纳：华为加纳发布CSR报告，记录了华为加纳自2009—2013年期间对当地社区所做的贡献。

尼日利亚：获得最佳社会合作及贡献奖和人才培养最佳支持企业奖；尼日利亚阿布贾举行的世界经济论坛（WEF）非洲峰会闭幕式上，华为宣布将为非洲培训1万名ICT人才，纳入未来种子项目。

南苏丹：携手运营商Zain助力南苏丹多所学校开通互联网连接，3000名学生将能首次接入互联网。

乌干达：31名乌干达大学生在华为总部完成了为期3个月的实习培训项目，并顺利结业。

肯尼亚：携手沃达丰基金会为肯尼亚难民营捐赠智能终端设备，建造即时网络教室项目； 向St.Gabriel's Gwassi女子学校进行捐赠，帮助建造基础教育设施。

赞比亚：向赞比亚Mulungushi大学捐赠40台电脑及桌椅用于建立电脑教学室。

博茨瓦纳：与博茨瓦纳总统办公室联合举办以“消除数字鸿沟”为主题的电脑实验室捐赠仪式。

白俄罗斯：独家赞助切尔诺贝利核事故灾区青少年赴华疗养团“中国行”征文及摄影比赛活动。

葡萄牙：华为公司副总裁张鹏和葡萄牙投资贸易局主席签署为期5年的未来种子大学生培训项目的MoU，中国国家主席习近平和葡萄牙总统An í bal Cavaco Silva监签了该签约仪式。

西班牙：支持Red.es，推动ICT尽责发挥效用；实施“引领LTE时代”项目，学生加入华为启动多个岗位实习培训；与马德里大学签约，为其提供LTE课程，促进LTE知识传递。

法国：联合Ardian公司举办中法中学生数学竞赛，法国外长表示感谢并称赞华为具有社会责任心。

德国：与北威州政府合作Chinese 2.0 CSR项目，促进德国数字化教育和文化交流。

荷兰：携手荷兰—亚洲荣誉暑期学校（NAHSS）选拔100名学生赴中国实习培训。

比利时：携手非营利组织EYIF欧洲青年创新者论坛，联合举办2014年欧盟—中国编程马拉松大赛。

美国：捐助德州普莱诺CIS学校和鲍曼中学，支持当地教育与社区发展；与K to College组织达成进一步项目合作，为加州斯托克顿市学生提供教育支持。

墨西哥：与墨西哥国立自治大学签署网络课程捐赠合约。

哥斯达黎加：向Cartago省Orosi小学捐赠笔记本电脑，支持偏远山区教育发展。

巴拿马：支持高社会危险环境中的儿童保护与教育。

阿根廷：关注阿根廷教育并捐赠数百架钢琴。

澳大利亚：与格里菲斯大学签署MoU，为联合创新项目开启了合作的大门。

第二节　心系灾区

汶川地震

2008年5月12日，四川汶川县发生了7.8级强震，震区遭到严重的破坏，通信中断。灾情发生后，华为第一时间成立了由公司董事长亲自负责的救灾保障小组，第一时间赶赴成都，系统部署抗震救灾行动。

为了更好、更快地协助运营商恢复灾区通信，华为启动24小时应急预案，用专机运送紧急通信设备、总部专家和技术人员到达灾区现场，与运营商共同抢修通信设备。同时华为从全国抽调百余名技术专家，于13日赶赴各重灾区，成立现场通信保障小组，与四川代表处一起24小时办公，全力以赴保障通信网络的正常运行，保障灾区通信畅通。

为帮助灾区人民重建家园，华为公司捐助现金500万元人民币。同时，华为员工积极展开自愿捐助。

华为“华为抗震英雄”奖章

相关链接

华为员工捐款1530万元　4000部手机空投灾区

根据华为爱心协会统计，截至2008年5月16日18：00，华为员工自发为汶川地震灾区捐款达到1530万元，同时，公司向灾区捐赠现金500万元，公司领导在四川向灾区各运营商赠送了一批通信器材。华为公司整体捐助款项突破2000万元。此外，4000部华为“待机王”手机空投至汶川。

汶川基站开通

另据了解，2008年5月12日23：00，华为公司领导层召开紧急会议，成立抗震

救灾领导小组，制订初步工作方案。当晚，华为总裁任正非向中国各大运营商发出信息，表示将全力支持抗震救灾工作。5月13日，华为董事长孙亚芳、全球销售与服务总裁胡厚崑带队从深圳经重庆连夜奔赴成都。

华为全球技术服务部总裁李杰、公共及客户关系管理部部长陈黎芳、中国区销售与服务总裁沈竞洋、中国区技术服务部部长袁曦等及医疗、后勤负责人及100多名专家从全国各地汇聚到成都救灾前线。

积极配合运营商工作

华为公司孙亚芳董事长等领导在灾情一线拜访各运营商，分析灾情，与各大运营商进行沟通，讨论如何配合各运营商开展抗震保障工作。5月14日，成都办技术服务部员工罗涛搭载救援直升机，奔赴受灾最严重的汶川地区。

华为公司内部召开工作组织会议，各项工作有条不紊地开展。与此同时，在地震灾区出差的一名公司员工与总部取得联系，相关领导及同事十分欣喜，及时通知了员工家属。据新浪从华为员工处获悉，华为公司第一时间开通了情况通报，所有在四川的员工均无危险。

第二架华为包机到达成都 华为在汶川开通基站

汶川地震发生后，华为供应链迅速响应，连夜加班加点生产灾区急需的通信设备。第一架华为运输包机载有基站、电源和手机等救灾物资。

5月16日，华为运输通信设备的第二架包机到达成都。当日中午，成都地区再次感受到余震，但现场的华为员工保持镇定，及时进行货物的拆卸和入库。其余各项工作也在紧张有序地展开。

5月16日早上8:15，抵达汶川的华为员工罗涛在汶川开通基站。8:30，第一个电话成功拨出。与此同时，在华为工程技术人员积极参与下，四川移动使用华为设备，在都江堰地区开通了5座基站。

华为8台便携式基站与联通卫星传输设备联调成功，等待救援飞机运往灾区。

4000部华为“待机王”手机空投至汶川

基于抗震救灾的通信需求，华为于5月15日通过包机方式从深圳向四川地区发送一个架次通信设备和终端，其中包括供应急通信用的一体化小基站以及4000部CDMAC2600手机。

此手机是华为专为应对恶劣环境开发的机型，日常正常通话待机时间可达7～8天时间，耐压、耐摔和耐撞击。该手机在全球发货量已经达到300万部。据悉，成都军区15日已向汶川县城空投军用手机和华为CDMAC2600手机。

……

雅安地震

2013年4月20日8:02四川省雅安市芦山县发生7.0级地震。

地震发生后，华为第一时间启动应急预案，快速恢复网络。华为工程师在20分钟内根据应急预案于4月20日8:20赶到各运营商机房，有序配合运营商开展抢通工作，进行流量管理、拥塞疏导。当天12:57，成都代表处的两批应急抢险队抵达雅安现场，与客户一同确认配置，协调应急通信设备。全球销售及客户群管理部总裁和中国区总裁在一线与客户沟通并协调公司资源。

截至4月21日中午，华为已投入超过400人全力为运营商抢修设备，其中在雅安现场的工程抢修人员和研发保障人员达50人。

据了解，华为将微波设备发往雅安解决光缆中断问题；配合雅安开通3辆应急通信车；采购的4部卫星电话已于20日送往雅安现场；2套卫星应急通信基站当夜抵达成都，其余8套于21日抵达。

此外，华为从深圳携带紧急救援通信设备Instant GSM前往雅安，该设备可以借助卫星等传输方式，将灾区通信和远程网络连接起来，提供短信、呼叫和数据服务等无线通信业务。该设备已经为国际救援队伍提供了超过26万次呼叫，希望此次可以有效地协助雅安恢复通信。

鲁甸地震

2014年8月3日16:30，云南省昭通市鲁甸县发生6.5级地震，造成严重的人员伤亡及震中通信中断。

华为昆明代表处迅速响应，成立抗震救灾通信保障小组，由交付副代表庞传春率先遣小队携带应急通信物资从昆明赶往鲁甸，各客户群维护工程师12人赶往各客户的监控中心，确认设备、网络报警，统计受灾范围，建设应急措

施。驻守昆明的交付线、产品线、供应链一起，与机关供应链联合成立供货保障小组，拉通一线救灾需求和后方供应保障。

截至2014年8月9日20：00，华为昆明代表处投入震区客户关系保障、应急抢通恢复、保通、值守人员60人，华为总部和成都、重庆、西安代表处支持17人，救灾期间累计投入390多人；投入车辆7辆运送物资传输、无线、数据、接入、U900、IP无线接入网等设备310多台/套，累计抢通站点358站次；新开通应急站点5个，恢复了3个县（鲁甸、会泽、巧家）的通信服务。

2014年8月17日6：07′58″，云南昭通市永善县发生5.0级地震，华为又启动第二轮抢通站点通信保障工作。

参考文献

[1] 曹鹏程. 苹果向华为专利付费给中国制造带来的启示. 人民日报，2016-05-14.

[2] 唐红杰. 2015年东莞企业纳税榜单出炉 华为一枝独秀摘两桂冠. 广州日报，2016-01-11.

[3] 水木然. 任正非真实身价曝光：超过马云马化腾李彦宏之和. 中华网论坛，2016-04-25.

[4] 侯云龙. “网红”任正非：一张照片引发的走红. 中国网，2016-05-06.

[5] 黄卫伟. 任正非：企业家威望越高企业越危险. 华夏基石e洞察，2016-04-27.

[6] 吴春波. 什么是员工持股计划？. 环球人力资源智库，2015-12-07.

[7] 佚名. 看任正非是如何把员工持股计划用到极致. 搜狐公众平台，2016-03-28.

[8] 佚名. 盘点十家不屑上市的中国企业. 云计算头条，2016-05-05.

[9] 田涛，吴春波. 下一个倒下的会不会是华为. 北京：中信出版社，2012-11-30.

[10] 佚名. 华为亮相中国移动全球合作伙伴大会 全方位支持中国移动4G+战略. C114中国通信网，2015-12-15.

[11] sunshine. 中国联通与华为战略定制机型——华为P9亮相中国. 驱动之家，2016-04-15.

[12] 王珂玥. 从华为和中国电信的组合，看云市场的领跑者的合作. 存储在线，2015-10-26.

[13] 佚名. 中国电信物联网发展研究中心与华为公司签署物联网战略合作协议. C114中国通信网，2016-05-16.

[14] 杜杰. 英特尔：二合一产品需要华为这样的“颠覆者”. 腾讯数码，2016-02-22.

[15] 佚名. 华为联手欧普照明打造智慧照明理念. 千家网，2016-04-26.

[16] 钱立富. 通信业两强：华为走刚猛路线 爱立信绵里藏针. IT时报，2016-04-11.

[17] 佚名. 华为两大对头：爱立信和思科公司宣布结盟. 映象网，2015-11-13.

[18] 姚嘉莉. 华为排名全球第一 中兴通讯名列第三. 深圳新闻网，2016-04-26.

[19] DT财经. 小米换大屏、华为上VR，国产手机界谁最有王霸之气？.百度百家. 2016-05-12.

[20] 佚名. 华为携手华铁信通举办轨道交通行业ICT技术研讨会. 中关村在线，2016-04-27.

[21] 佚名. 华为倡导友好产业政策，共建全联接亚洲. 华为新闻中心，2016-04-28.

[22] 佚名. 华为提出构建全联接的智能电网. 飞象网，2014-08-21.

[23] 佚名. 华为企业业务2015年实现43. 8%增速，引领新ICT共建更美好全联接世界. 网易，2016-04-12.

[24] 佚名. 华为发布室内全联接解决方案 开启室内全联接体验时代. 飞象网，2016-04-12.

[25] 田涛. 华为成功秘密是什么？外媒称是企业文化. 网易科技报道，2015-06-16.

[26] 李娜. 华为动物哲学：狼性文化、乌龟精神、眼镜蛇特质. 《第一财经日报》（上海），2014-08-01.

[27] 长乐. 华为员工捐款1530万元 4000部手机空投灾区. 新浪科技，2008-05-17.

[28] 彭剑锋，王黎广. 思科：互联网帝国. 北京：机械工业出版社，2010.

[29] 张利华. 华为研发（第2版）. 北京：机械工业出版社，2012.

[30] 黄卫伟. 以奋斗者为本. 北京：中信出版社，2014.

[31] 孙科柳. 华为绩效管理法. 北京：电子工业出版社，2014.

[32] 周留征. 华为哲学：任正非的企业之道. 北京：机械工业出版社，2015.